Ullstein

ÜBER DAS BUCH

Schneeglöckchen, Hyazinthen und Rosen – diese floristische Geschichtensammlung ist ein literarisches Vergißmeinnicht für eine liebe Freundin, einen leidenschaftlichen Gärtner oder die beste Mutter der Welt, denen man einmal durch die buchstäbliche Blume seine Zuneigung bekennen will. Ihrer Lieblingsblume widmen sich Hans Christian Andersen, Christine Brückner, Luise Rinser und viele andere Autoren. Ein Buch nicht nur zum Valentinstag, denn schließlich ist Papier nicht nur geduldig, sondern auch viel haltbarer als Schnittblumen.

Durch die Blume

Ein bunter Strauß aus Frühlingsgeschichten

Ullstein

Ullstein Buchverlage GmbH,
Berlin
Taschenbuchnummer: 24276

Originalausgabe
Dezember 1997

Herausgegeben von Hild Wollenhaupt

Umschlagentwurf:
Vera Bauer
Illustration:
Silvia Christoph
Vignetten: Wolfgang Schedler

Printed in Germany 1997
Gesamtherstellung:
Ebner Ulm
ISBN 3 548 24276 6

Gedruckt auf alterungsbeständigem
Papier mit chlorfrei gebleichtem
Zellstoff

Weitere Titel in der Reihe
der Ullstein-Geschenkbücher:

Muttertag ist immer! (24149)
Ein Glück, daß es Oma gibt (23718)
Sechzig – wie schön! (23729)
Was wären wir ohne Sie! (23737)
Fünfzig – wie schön! (23743)
Ein Glück, daß es Mutter gibt! (23751)
Alles wird schon wieder . . . (23710)
Ein Glück, daß es Lorbaß gibt! (23891)
Ein Glück, daß es nette Nachbarn gibt (24152)
500 PS müssen nicht sein! (23896)
Geliebter Drahtesel (24151)
Keine Angst vor Windeln (23893)
Eigener Herd ist Goldes wert! (23894)
Zu netten Menschen kommt man gerne (23895)
Ein Glück, daß es Opa gibt! (23892)
Der Kleister macht den Meister! (24029)
Ein Glück, daß es Schwiegermütter gibt! (24030)
Wie schön, daß ihr euch traut! (24031)
Wie schön, mein Schatz, daß es dich gibt! (24150)
Liebe Kollegen braucht der Mensch (24153)
Nichts geht über ein gutes Essen! (24154)
In vino veritas (24272)
Havanna Brasil und Sumatra (24273)

Die Deutsche Bibliothek –
CIP-Einheitsaufnahme

Durch die Blume: ein bunter Strauß aus
Frühlingsgeschichten/
[hrsg. von Hild Wollenhaupt]. –
Orig.–Ausg. – Berlin: Ullstein, 1997
(Ullstein-Buch; 24276)
ISBN 3-548-24276-6

Inhalt

Hans Christian Andersen

Das Schneeglöckchen

Es war Winterszeit, die Luft kalt, der Wind scharf, aber im Hause war es warm und gemütlich, hinter Tür und Riegel lag die Blume, sie lag in ihrer Zwiebel unter Erde und Schnee.

Eines Tages fiel Regen; die Tropfen drangen durch die Schneedecke in die Erde hinab, berührten die Blumenzwiebel, sprachen von der lichten Welt oberhalb; bald drang der Sonnenstrahl fein und bohrend durch den Schnee zu der Zwiebel und stach sie ein wenig.

»Herein!« sagte die Blume.

»Ich kann nicht!« sagte der Sonnenstrahl. »Ich bin nicht stark genug, um aufzuschließen! Wenn es Sommer wird, werde ich stark!«

»Wann ist es Sommer?« fragte die Blume und wiederholte diese Frage jedesmal, wenn ein neuer Sonnenstrahl hinabdrang. Aber es war weit von der Sommerzeit entfernt; der Schnee lag noch, und in jeder Nacht fror das Wasser zu Eis.

»Wie das lange dauert! Wie das lange dauert!« sagte die Blume. »Ich fühle ein Kribbeln und Krabbeln, ich muß mich recken, ich muß mich strecken, ich muß aufschließen, ich muß hinaus, muß dem Sommer ›guten Morgen‹ zunicken, das wird eine beglückende Zeit werden!«

Und die Blume reckte und streckte sich drinnen gegen die dünne Schale, die das Wasser von außen erweicht, Schnee und Erde erwärmt, der Sonnenstrahl berührt hatte; sie schoß unter dem Schnee empor, mit weiß-grüner Knospe auf grünem Stengel mit schmalen, dicken Blättern, die sie gleichsam beschützen wollten. Der Schnee war kalt, aber vom Licht durchstrahlt, daher war es gar leicht, durch ihn durchzubrechen, und nun kam der Sonnenstrahl mit viel größerer Kraft als bisher.

»Willkommen! Willkommen!« sang und klang jeder Strahl, und die Blume hob sich über den Schnee hinaus in die Lichtwelt. Die Sonnenstrahlen streichelten und küßten sie, daß sie sich ganz öffnete, weiß wie der Schnee und geschmückt mit grünen Streifen. Sie beugte ihren Kopf in Freude und Demut.

»Wunderschöne Blume!« sangen die Sonnenstrahlen. »Wie bist du frisch und zart! Du bist die erste, du bist die einzige! Du bist unsere Liebe! Du läutest Sommer, schönen Sommer über Land und Stadt. All der Schnee wird schmelzen! Die kalten Winde werden hinweggejagt! Wir werden herrschen! Alles wird grünen! Und dann wirst du Gesellschaft haben, Goldregen und Rosen, aber du bist die erste, so fein, so zart!«

Das war ein großes Vergnügen. Es war, als singe und klinge die Luft, als drängen die Strahlen des Lichts in die Blätter und den Stengel der Blume; da stand sie so fein und so leicht zu brechen und doch so kräftig in junger Schönheit; sie stand in weißem Kleid mit grünen Bändern da, sie machte Sommer. Aber es war noch weit bis zur Sommerzeit. Wolken verdeckten die Sonne, scharfe Winde bliesen.

»Du bist zu früh gekommen!« sagten Wind und Wetter. »Wir haben noch die Macht, und du sollst sie empfinden und dich darein fügen! Du hättest hübsch zu Hause bleiben, nicht herauslaufen sollen und Staat machen, die Zeit ist noch nicht da!«

Es war eine schneidende Kälte! Die Tage, die da kamen, brachten nicht einen Sonnenstrahl! Es war ein Wetter zum Entzweifrieren für so eine kleine Blume. Aber sie besaß mehr Kraft, als sie selbst wußte; sie war stark in Freude und im Glauben an den Sommer, der kommen mußte, der ihr in ihrem tiefen Sehnen verkündet und von dem warmen Sonnenlicht bestätigt worden war, und so blieb sie denn auch mit Zuversicht in ihrer weißen Tracht im weißen Schnee stehen, ihr Haupt beugend, selbst während die Schneeflocken dicht und schwer herabfielen und die eisigen Winde über sie dahinfuhren.

»Du wirst brechen!« sagten sie. »Verwelken, verwelken! Was wolltest du draußen? Weshalb ließest du dich verlocken, der Sonnenstrahl hat dich gefoppt! Jetzt hast du es danach, du Sommernärrin!«

»Sommernärrin!« wiederholte sie in kalter Morgenstunde.

»Sommernärrin!« jubelten einige Kinder, die in den Garten kamen. »Da steht eine, wie schön, wie schön, die erste, die einzige!«

Diese Worte taten der Blume so wohl, es waren Worte wie warme Sonnenstrahlen. Die Blume empfand es in ihrer Freude nicht einmal, daß man sie brach; sie lag in Kindeshand, wurde von Kindesmund geküßt, in die warme Stube getragen, von sanften Augen beschaut, ins Wasser gesteckt, wie stärkend, wie belebend! Die Blume glaubte, sie sei plötzlich tief in den Sommer hineingeraten.

Die Tochter des Hauses, ein schönes kleines Mädchen, war konfirmiert worden; sie hatte einen lieben Freund, und der war auch konfirmiert, er studierte für das Amtsexamen. »Der soll mein Sommernarr sein!« sagte sie, nahm die feine Blume, legte sie in ein Stückchen duftendes Papier, auf das Verse geschrieben waren, Verse von der Blume, die mit Sommernarr begannen und mit Sommernarr endeten. »Mein Freund, sei Winternarr!« Sie hatte ihn mit dem Sommer genarrt. Ja, das stand alles in dem Vers, wurde als Brief gefaltet – die Blume lag in dem Brief. Es war finster um sie her, finster wie damals, als sie in der Zwiebel lag. Die Blume ging auf die Reise, lag in der Posttasche, wurde geklemmt und gedrückt, was gar nicht angenehm war; aber das hatte auch ein Ende.

Die Reise war vorüber, der Brief wurde geöffnet und gelesen von dem lieben Freund; wie vergnügt war er, er küßte die Blume, und sie wurde, in ihrem Umschlag von Versen, in einen Kasten gelegt, in dem mehrere schöne Briefe, aber alle ohne Blumen lagen; sie war die erste, die einzige, wie die Sonnenstrahlen sie genannt hatten, und darüber nachzudenken war ein Vergnügen.

Man ließ ihr auch Zeit, darüber nachzudenken, sie dachte, während der Sommer verging und der lange Winter schwand, und es wurde wieder Sommer, als sie aufs neue zum Vorschein kam. Aber nun war der junge Mann durchaus nicht erfreut, er faßte den Brief sehr unsanft an, warf den Vers hin, daß die Blume auf den Fußboden fiel. Flach und verwelkt war sie freilich, aber warum deshalb auf den Fußboden geworfen? Hier lag sie jedoch besser als im Feuer, dort gingen die Verse und Briefe in Flammen auf. Was war geschehen? Was so oft geschieht. Die Blume hatte ihn genarrt, das war ein Scherz; die Jungfrau hatte ihn genarrt, das war kein Scherz; sie hatte sich während des Sommers einen anderen Freund erkoren.

Am nächsten Tag schien die Morgensonne hinein auf das kleine, flachgedrückte Schneeglöckchen, das so aussah, als sei es auf den Fußboden hingemalt. Das Dienstmädchen, welches das Zimmer auskehrte, hob es auf, legte es in eins der Bücher hinein, die auf dem Tisch lagen, und zwar in der Meinung, es müsse beim Aufräumen herausgefallen sein. Die Blume lag wieder zwischen Versen, gedruckten Versen, und die sind vornehmer als die geschriebenen, wenigstens ist mehr Geld auf sie verwendet.

Darauf vergingen Jahre, das Buch stand auf dem Bücherbrett, dann wurde es einmal in die Hand genommen, man schlug es auf und las darin; es war ein gutes Buch, Verse und Lieder von dem alten dänischen Dichter Ambrosius Stub, die wohl zu lesen wert sind. Der Mann, der in dem Buch las, schlug ein Blatt um. »Da liegt ja eine Blume!« sagte er. »Ein Schneeglöckchen, ein Sommernarr, ein Dichternarr! Die wird wohl mit Bedacht hier hereingelegt worden sein; armer Ambrosius Stub! Er kam seiner Zeit zu früh, und deshalb mußte auch er die scharfen Winde kosten, als Gast bei den adeligen Gutsbesitzern umherwandern, als Blume im Wasserglase, Blume im gereimten Brief! Sommernarr, Winternarr, Spaß und Narrheit, und doch der erste, der einzige, der jugendfrische dänische Dichter von damals. Ja, bleib du als Zeichen im Buch liegen, du kleines Schneeglöckchen, du bist mit Bedacht hineingelegt worden.«

Und das Schneeglöckchen wurde wieder ins Buch gelegt, es fühlte sich da geehrt und vergnügt zu wissen, daß es ein Zeichen war in dem prächtigen Liederbuch und daß derjenige, der zuerst von ihm gesungen und geschrieben hatte, auch ein Schneeglöckchen, ein Sommernarr, gewesen war, auch zur Winterzeit als Narr dagestanden hatte. Die Blume verstand das nun in ihrer Weise, wie wir ja auch jedes Ding in unserer Weise deuten.

Das ist das Märchen vom Schneeglöckchen.

Christine Brückner

Blaue Hyazinthen

»Kindchen«, sagte sie, legte ihre Hand leicht auf meinen Arm, und wir nahmen unseren Rundgang durch die Märzsonne wieder auf. »Wir müssen lernen, unsere Erinnerungen zu pflegen und sie ein bißchen aufzuputzen. Sie müssen lange vorhalten.« Sie lächelte und zog den Schal enger, als der Ostwind, der um die Hausecke blies, nach uns faßte.

Was konnten mir ihre lächelnden Weisheiten helfen! Es war leicht, mit siebzig als Torheit abzutun, was einem mit zwanzig das Herz schwer macht.

»Sehen Sie dieses Beet an, Stina! Trostlos, nicht wahr? Aber wenn Sie in ein paar Wochen zu mir kommen, und ich denke, daß Sie wiederkommen«, ihre Hand legte sich herzlicher auf meinen Arm, »dann wird es blühen. Über und über, enzianfarben wie der Himmel über unserer See. Blaue Hyazinthen. Nicht jeder hat seine Erinnerungen so fein säuberlich auf einem Gartenbeet beisammen. Aber Pflege brauchen sie schon.

Nun denken Sie, daß ich anfange, ein wenig wunderlich zu werden. Wehren Sie nicht ab! Wunderlich sind wir nun einmal, wenn es um die Herzensdinge geht, Kindchen, mit zwanzig so gut wie mit siebzig. Kommen Sie! Wir wollen uns einen Tee aufbrühen, und ich erzähle Ihnen die Geschichte dieses Beetes.

Ich war nicht mehr so jung, wie Sie es heute sind, Stina, aber ich empfand wie Sie: Das Leben war mir etwas schuldig! Es war zu Anfang des Jahrhunderts, in der guten alten Zeit, wie Sie es heute nennen. Ob sie so gut war, weiß ich nicht, gewiß war sie nicht alt! – Ich war noch nicht lange verheiratet. Nicht einmal zwei Jahre. Mein Mann war monatelang auf Reisen. Damals war er im Orient. Es war sehr ehrenvoll – für ihn. Aber ich war allein. Die wenigen Male, wenn ich ohne ihn ausging, im Schutze seiner Familie, versäumte keiner der Herren, mir zu versichern, wie leichtsinnig es von meinem Mann sei, eine so junge und hübsche – sie lächelte dazu – Frau allein zu lassen. Bei uns ist der Winter sehr lang.

An einem Tag im Februar fand ich unter meiner Post die Einladung zu einem Maskenball. Fragen sie nicht, welcher Zufall mir das Couvert, das nicht meine Anschrift trug, zuspielte! Es waren wohl die Widerstände, die mich reizten, heimlich zu gehen, ohne den Schutz eines männlichen Verwandten, der allein mein Erscheinen auf einem Maskenball erlaubt, wenn auch nicht begreiflich gemacht hätte.

Der zwanzigste Februar! Ein dunkler Abend. Im Licht der Gaslaternen sah man, daß es ein wenig schneite. Ich mied die Hauptstraßen. Den Schal eng um den Kopf geschlungen, erregt und ängstlich zugleich, ging ich den Weg zu Fuß. Die Heimlichkeit zum Abenteuer steigernd. Dieser Augenblick – eben noch in der Verschwiegenheit der Winternacht geborgen, und plötzlich griff helles Licht, Musik und Lachen aus Fenstern und Türen nach mir.

Ich zeigte die Karte, man nahm mir Mantel und Schal ab, und erst, als ich die Arme hob, um die goldene Maske ein wenig höher zu rücken, erkannte ich in einem Spiegel, daß ich es war: das Haar im losen schwarzen Knoten, vom goldenen Lorbeer gehalten, nilgrüner Stoff floß von den Schultern zu Boden, einmal nur gegürtet, auch der Überwurf aus der gleichen Seide verhüllte mich nicht. Ich drückte meine Leier enger an mich – eine ängstliche Sappho! Unsicher setzte ich den Fuß auf die unterste Stufe der Treppe, die zu dem Festsaal führte. Und oben auf dem Treppenabsatz, leicht an eine der Säulen gelehnt, stand er, stand da und lächelte und sah mir entgegen, als ob er auf mich gewartet hätte. Er lächelte nicht spöttisch, eher hilfreich. Die letzten Stufen kam er mir entgegen, reichte mir die Hand und zog mich – mitten in das Fest hinein.

Er war jung und schön! Ein Minnesänger. Beide waren wir zu diesem Fest gekommen als Sänger der Liebe. Er beugte das Knie und nannte mich: ›Hove frouwe‹, und ich griff in die Leier und dankte ihm. Wir redeten in der Sprache der Dichter, von Mond und Waldesrauschen, zartem Glück und holdem Wahn. Unsere Hände redeten die Sprache aller Liebenden wie unsere Augen, und unsere Füße trugen uns im Takt von Walzer und Mazurka von einer Wolke der Glückseligkeit zur anderen.

War je eine Nacht so lang? Wie hätte Wein uns müde machen können! Lange schon lehnten Leier und Gambe nebeneinander an einer Säule. Kein Instrument vermochte zu klingen wie die leichtherzigen Worte meines Freundes!

Und doch kam der Morgen! Wir gingen, bevor er sich grau und ernüchternd durch die Fenster schieben konnte und entblößen, was Nacht und Kerzenlicht in ihren Schutz genommen hatten. Mein Troubadour hüllte mich in meinen Mantel, legte den Schal mit jener zärtlichen Behutsamkeit, nach der ich mich immer gesehnt hatte, um mich und zog sich die hohe Pelzmütze, die man damals noch bei uns trug, tief in die Stirn, Arm in Arm verließen wir das Fest. Leier und Gambe blieben vergessen zurück.

Die Sichel des abnehmenden Mondes stand am Himmel, Jupiter und Venus leuchteten. Es hatte geschneit; kein Knirschen verriet unseren stillen Gang durch den Wintermorgen.

In der Dämmerung des folgenden Tages brachte ein Bote Blumen. Eine Schale mit blauen Hyazinthen. Ihr Duft löste die Tränen. Alles war nur ein Traum. Vorbei war die Verzauberung, dies war der Abschied und der Dank. Kein Wort. Ich wußte nicht seinen Namen. Was wußte er von mir? Er hatte gefragt: Was tust du an den langen Winternachmittagen, und ich hatte geantwortet: Ich stehe am Fenster, sehe in den weißen Garten und träume von blauen Hyazinthen.

Im März kam dann mein Mann zurück. Er erwartete kein Geständnis über das, was man ihm bereits zugetragen hatte.

Es wurde noch kühler, und ich hätte die Wärme gebraucht. Noch blühten vor meinem Fenster die Hyazinthen. Als er mich einmal in der Dämmerung vor meinen Blumen fand, fragte er: ›Von ihm?‹ Ich sagte mit fremder Stimme: ›Ja, von ihm.‹ Das war das einzige Mal, daß wir davon sprachen. Ich schnitt die welkenden Stengel ab und bewahrte die Zwiebeln auf.

Im Sommer nahm mich mein Mann mit nach Peking, den Winter blieben wir in Riga. Er führte mich aus, er gab mir neue Pflichten, die mich ablenkten und aufheiterten. Als ich an einem Nachmittag im Februar spät von einer Einladung zurückkam, waren Blumen abgegeben für mich. Sie vermuten recht: blaue Hyazinthen! Ich stellte sie vor mein Fenster, aus Trotz, weil mein Mann mich fragen sollte, aber auch, weil eine Welle zärtlichen Erinnerns mich erfaßt hatte und mich aufs neue verwirrte. Ich begriff nicht gleich, daß der Gruß meines Freundes nicht mehr wollte als mich erfreuen, mir sagen, daß er an diesem Tage an mich dachte. Ich meinte, es sei eine Aufforderung, mich zu entscheiden, es nicht bei der Verzauberung einer Ballnacht zu belassen. Ich stand lange am Fenster und sah in den Schnee. Alle meine Wünsche eilten aus dem Haus meines Mannes auf verbotene Wege, von denen ich nur zu gut wußte, wieviel Schranken mir den Zutritt verwehrten.

So ging es Jahr für Jahr! Das eine Mal wartete ich mit Ungeduld auf seinen Gruß, in anderen, glücklicheren Jahren überraschte er mich. Die Langmut meines Mannes nahm ich lange Zeit für kränkende Gleichgültigkeit und ließ darum die Blumen – länger, als Ansehen und Duft es rechtfertigten – auf der Fensterbank stehen.

Die Zwiebeln setzte ich in ein Beet meines Gartens und beobachtete mit Genugtuung und einer leisen Wehmut, die sich einstellt, wenn ein glückliches Erlebnis lange Jahre zurückliegt, wie mein blaues Beet von Jahr zu Jahr wuchs.

Kurz vor dem Krieg wurden rasch nacheinander meine Kinder geboren. Ich nahm kaum wahr, daß die Blumen ausblieben. Mein Mann wurde interniert, ich mußte mit den Kindern zum erstenmal fliehen, nach Königsberg. Ich war, wie ich meinte, eine vom Leben hart angefaßte Frau, als der Krieg zu Ende war und noch ein weiteres Jahr verging, bis mein Mann zurückkehrte. Zehn Jahre waren verstrichen, seitdem zum letztenmal an einem 20. Februar blaue Hyazinthen für mich abgegeben wurden. Zeit genug, das Datum zu vergessen.

Als dann wieder eine Blumenschale abgegeben wurde, in einer fremden Stadt, in der ich nicht heimisch werden konnte, war sie wie ein Gruß aus einer Zeit, der ich anfing, den Beinamen ›gut und alt‹ zu geben.

Wieder wuchs in dem Garten vor meinem Fenster ein Hyazinthenbeet. Die Kinder fragten danach. Mein Mann und ich sahen uns an und lächelten uns zu wie zwei Verschwörer.

Ich blieb ahnungslos. Erst als ich seinen Nachlaß ordnete, fand ich unter seinen gewissenhaft aufbewahrten Abrechnungen und Quittungen auch die eines Königsberger Blumenhauses. Sie hatten alle den 20. Februar zum Datum.

Dann mußte ich wieder fliehen. Wieder ein Stück weiter in den Westen. Wie alles andere blieb auch mein blaues Beet zurück. Als ich wieder ein wenig Kraft gesammelt hatte und neuen Mut, ging ich und kaufte mir Blumenzwiebeln für diesen Garten. Viel Zeit hatte ich nicht mehr. Ich konnte nicht noch einmal mit ein paar Hyazinthenzwiebeln anfangen. Aber ich kann nun wieder in den langen Winterdämmerungen an meinem Fenster stehen und von blauen Hyazinthen träumen. Und meine Gedanken gehen weit zurück. Selten bis zu jenem Fest. Sie werden unterwegs oft aufgehalten. An wieviel Liebe haben sie sich zu erinnern in dem langen Leben an der Seite meines Mannes!

Wenn sich im Frühling die Knospen auftun, ist mir jedesmal, als habe seine gütige Hand mir ein kleines Stück unseres baltischen Himmels vor mein Fenster gelegt.«

Ludwig Thoma

Der Einser

Es klopfte, und der königliche Amtsrichter Josef Amesreiter rief: »Herein!« Dann erschien unter der Türe Frau Realitätenbesitzerswitwe Karoline Zwerger. Eine hübsche junge Frau mit angenehmen Rundungen, da, wo sie am Platze sind.

Sie führte an der Hand ein kleines Mädchen von sieben Jahren, welches verschämt zu Boden blickte.

Auch Frau Zwerger war in einiger Verlegenheit, wie das vielen Leuten geschieht, wenn sie mit Behörden in Berührung kommen. Und dann schielte der Herr Amesreiter so merkwürdig über seine Brillengläser hinaus und schaute sie ganz sonderbar an.

Vielleicht meinte Frau Zwerger . . . Aber das war ausgeschlossen

Denn Amesreiter war ein sogenannter glänzender Jurist, hatte das Staatsexamen mit I gemacht und war sohin zeugungsunfähig.

Nein, an so etwas dachte er nicht.

Er schaute überhaupt immer so, und Frau Zwerger brauchte nicht rot zu werden.

»Also, was wollen Sie?«

Die junge Frau wollte, nicht wahr, dieses Kind also, ihr Mann nämlich war gestorben, und weil sie selber keine Kinder hatten, dieses Kind also zu sich nehmen.

Gut, oder vielmehr nicht gut. Was heißt zu sich nehmen? Was sollen diese unklaren Worte in einem klaren Rechtsgeschäfte?

Frau Karoline Zwerger wollte vermittelst de adoptio oder Wahlkindschaft, und zwar vermittelst der adoptio in specie minus plena, wozu sie nach erstem Teil, fünftes Kapitel, Paragraph elf bereits in der Geltungszeit des Codex Maximilianeus Bavaricus als Weibsperson berechtigt war, an Kindes Statt annehmen die miterschienene Franziska Furtner.

Ist es nicht so?

Und wenn es so ist, Frau Zwerger, warum sagen Sie dann »zu sich nehmen«? Warum sind Sie nicht imstande, Ihrem auf Perfektion eines Rechtsgeschäfts gerichteten Willen deutlichen Ausdruck zu verleihen?

Die rundliche Frau weiß es nicht, aber sie weiß, daß dieser lange Mensch mit den vorquellenden Augen, der sie mit seiner Gelehrsamkeit anspuckt, ein königlicher Richter ist, eine Respektsperson. Und darum wagt sie es nicht, sich darüber innerlich klarzuwerden, daß er trotz Stellung und Gelehrsamkeit ein recht saudummer Kerl ist. Ein Viech mit zwei Haxen, wie der Realitätenbesitzer Nepomuk Zwerger – Gott hab ihn selig – immer zu sagen pflegte.

Nein, sie wagte es nicht; sie beantwortete, eine Stunde lang, die blödesten Fragen, welche der Examenseinser Josef Amesreiter an sie stellte, und wenn ihr manches sonderbar erschien, dann dachte sie bescheiden, daß ihr schlichter Verstand nicht hinreiche, die geheime Weisheit zu sehen. Endlich war die adoptio minus plena fertig. Da sagte Frau Zwerger zu dem kleinen Mädchen:

»So, jetzt bedank dich auch recht schön beim Herrn Amtsrichter und mach ein Kompliment und gib ihm dein Blumenbukettl.«

Fannerl knickste, wie man es in der Schule bei den Englischen Fräulein lernt, und streckte ihr Sträußchen dem gestrengen Herrn hin.

Es waren zwei Rosen und drei gesprenkelte Nelken.

Eine solche Tathandlung war dem Josef Amesreiter noch niemals begegnet, und er geriet in einige Verlegenheit.

Jedoch, bevor er sich besann und den Fall richtig prüfte, hatte er die Blumen in der Hand und war Frau Zwerger mit der Adoptatin verschwunden. Er ging einige Male auf und ab und überlegte. Die Sache war nicht einfach.

Es lag eine Schenkung vor, unleugbar, eine donatio inter vivos, und überdies konnte sie als der Belohnung halber geschehen sein. Dies aber war unverträglich mit dem richterlichen Amte.

Wie gesagt, Amesreiter überdachte mit juristischer Schärfe dieses Geschehnis und fand nach eifrigem Suchen den richtigen Ausweg.

Er befahl dem Schreiber, das Protokoll noch einmal vorzunehmen, und diktierte.

»Nachtrag – haben Sie?«

»Nachtrag.«

»Erstens: Nach Abschluß des obigen Protokolles übergab das Wahlkind auf Betreiben der Wahlmutter dem unterfertigten Richter fünf Blumen – fünf Blumen.«

»Zwoa Rosen«, sagte der Schreiber, »und dös andere san Nagerln, Nölken!«

»So? So – also schreiben Sie fünf Blumen, Komma, welche diesgerichtlich als zwei Rosen und drei Nelken bezeichnet wurden.

Zweitens: Der unterfertigte Richter nahm die obengenannten Blumen an in der Erwägung, daß die Annahmeverweigerung das natürliche Gefühl der Dankbarkeit in dem Wahlkinde zu ersticken geeignet war.

Drittens: Fünf Blumen mit Akt an den Herrn Gerichtsvorstand mit dem Ersuchen um geneigte Rückäußerung, ob gegen die Annahme Bedenken bestehen.«

So, das war geschehen. Und der Schreiber wickelte um die Rosen und die gesprenkelten Nelken einen blau-weißen Faden und legte sie zwischen die Aktendeckel, wo sie baldigst erstickten, wie alles frische Leben, das in Aktendeckel gelangt.

Josef Amesreiter aber fühlte sich in gehobener Stimmung. Er hatte gehandelt, wie man es von einem Einser erwarten durfte.

Von einem Viech mit zwei Haxen, wie der selige Herr Zwerger zu sagen pflegte.

Theodor Storm

Viola tricolor

Es war sehr still in dem großen Hause; aber selbst auf dem Flur spürte man den Duft von frischen Blumensträußen. Aus einer Flügeltür, der breiten in das Oberhaus hinaufführenden Treppe gegenüber, trat eine alte, sauber gekleidete Dienerin. Mit einer feierlichen Selbstzufriedenheit drückte sie hinter sich die Tür ins Schloß und ließ dann ihre grauen Augen an den Wänden entlangstreifen, als wolle sie auch hier jedes Stäubchen noch einer letzten Musterung unterziehen; aber Sie nickte beifällig und warf dann einen Blick auf die alte englische Hausuhr, deren Glockenspiel eben zum zweitenmal seinen Satz abgespielt hatte.

»Schon halb!« murmelte die Alte. »Und um acht, so schrieb der Herr Professor, wollten die Herrschaften dasein!«

Hierauf griff sie in ihrer Tasche nach einem großen Schlüsselbund und verschwand dann in den hinteren Räumen des Hauses. – Und wieder wurde es still; nur der Perpendickelschlag der Uhr tönte durch die geräumige Flur und in das Treppenhaus hinauf; durch das Fenster über der Haustür fiel noch ein Strahl der Abendsonne und blinkte auf den drei vergoldeten Knöpfen, welche die Uhrgehäuse krönten.

Dann kamen von oben herab kleine leichte Schritte, und ein etwa zehnjähriges Mädchen erschien auf dem Treppenabsatz. Auch sie war frisch und festlich angetan; das rot und weiß gestreifte Kleid stand ihr gut zu dem bräunlichen Gesichtchen und den glänzend schwarzen Haarflechten. Sie legte den Arm auf das Geländer und das Köpfchen auf den Arm und ließ sich so langsam hinabgleiten, während ihre dunklen Augen träumerisch auf die gegenüberliegende Zimmertür gerichtet waren.

Einen Augenblick stand sie horchend auf dem Flur; dann drückte sie leise die Tür des Zimmers auf und schlüpfte durch die schweren Vorhänge hinein. Es war schon dämmerig hier, denn die beiden Fenster des tiefen Raumes gingen auf eine von hohen Häusern eingeengte Straße; nur seitwärts über dem Sofa leuchtete wie Silber ein venezianischer Spiegel auf der dunkelgrünen Samttapete. In dieser Einsamkeit schien er nur dazu bestimmt, das Bild eines frischen Rosenstraußes zurückzugeben, der in einer Marmorvase auf dem Sofatische stand. Bald aber erschien in seinem Rahmen auch das dunkle Kinderköpfchen. Auf den Zehen war die Kleine über den weichen Fußteppich herangeschlichen; und schon griffen die schlanken Finger hastig zwischen die Stengel der Blumen, während ihre Augen nach der Tür zurückflogen. Endlich war es ihr gelungen, eine halberschlossene Moosrose aus dem Strauße zu lösen; aber sie hatte bei ihrer Arbeit der Dornen nicht geachtet, und ein roter Blutstropfen rieselte über ihren Arm. Rasch – denn er wäre fast in das Muster der kostbaren Tischdecke gefallen – sog sie ihn mit ihren Lippen auf; dann leise, wie sie gekommen, die geraubte Rose in der Hand, schlüpfte sie wieder durch die Türvorhänge auf den Flur hinaus. Nachdem sie auch hier noch einmal gehorcht hatte, flog sie die Treppe wieder hinauf, die sie zuvor herabgekommen war, und droben weiter einen Korridor entlang, bis an die letzte Tür desselben. Einen Blick noch warf sie durch eines der Fenster, vor dem im Abendschein die Schwalben kreuzten; dann drückte sie die Klinke auf.

Es war das Studierzimmer ihres Vaters, das sie sonst in seiner Abwesenheit nicht zu betreten pflegte; nun war sie ganz allein zwischen den hohen Repositorien, die mit ihren unzähligen Büchern so ehrfurchtgebietend umherstanden. Als sie zögernd die Tür hinter sich zugedrückt hatte, wurde unter einem zur Linken von derselben befindlichen Fenster der mächtige Anschlag eines Hundes laut. Ein Lächeln flog über die ernsten Züge des Kindes; sie ging rasch an das Fenster und blickte hinaus. Drunten breitete sich der große Garten des Hauses in weiten Rasen- und Gebüschpartien aus; aber ihr vierbeiniger Freund schien schon andere Wege eingeschlagen zu haben; so sehr sie spähte, nichts war zu entdecken. Und wie Schatten fiel es allmählich wieder über das Gesicht des Kindes; sie war ja zu was anderm hergekommen; was ging sie jetzt der Nero an!

Nach Westen hinaus, der Tür, durch welche sie eingetreten, gegenüber, hatte das Zimmer noch ein zweites Fenster. An der Wand daneben, so daß das Licht dem daran Sitzenden zur Hand fiel, befand sich ein großer Schreibtisch mit dem ganzen Apparat eines gelehrten Altertumsforschers; Bronzen und Terrakotten aus Rom und Griechenland, kleine Modelle antiker Tempel und Häuser und andere dem Schutt der Vergangenheit entstiegene Dinge füllten fast den ganzen Aufsatz desselben. Darüber aber, wie aus blauen Frühlingslüften heraustretend, hing das lebensgroße Brustbild einer jungen Frau; gleich einer Krone der Jugend lagen die goldblonden Flechten über der klaren Stirn. – »Holdselig«, dies veraltete Wort hatten ihre Freunde für sie wieder hervorgesucht – einst, da sie noch an der Schwelle dieses Hauses mit ihrem Lächeln die Eintretenden begrüßte. – Und so blickte sie noch jetzt im Bilde mit ihren blauen Kinderaugen von der Wand herab; nur um den Mund spielte ein leichter Zug von Wehmut, den man im Leben nicht an ihr gesehen hatte. Der Maler war auch derzeit wohl darum gescholten worden; später, da sie gestorben, schien es allen recht zu sein.

Das kleine schwarzhaarige Mädchen kam mit leisen Schritten näher; mit leidenschaftlicher Innigkeit hingen ihre Augen an dem schönen Bildnis.

»Mutter, meine Mutter!« sprach sie flüsternd; doch so, als wolle mit den Worten sie sich zu ihr drängen.

Das schöne Antlitz schaute, wie zuvor, leblos von der Wand herab; sie aber kletterte, behend wie eine Katze, über den davorstehenden Sessel auf den Schreibtisch und stand jetzt mit trotzig aufgeworfenen Lippen vor dem Bilde, während ihre zitternden Hände die geraubte Rose hinter der unteren Leiste des Goldrahmens zu befestigen suchten. Als ihr das gelungen war, stieg sie rasch wieder zurück und wischte mit ihrem Schnupftuch sorgsam die Spuren ihrer Füßchen von der Tischplatte.

Aber es war, als könne sie jetzt aus dem Zimmer, das sie zuvor so scheu betreten hatte, nicht wieder fortfinden; nachdem sie schon einige Schritte nach der Tür getan hatte, kehrte sie wieder um; das westliche Fenster neben dem Schreibtisch schien diese Anziehungskraft auf sie auszuüben.

Auch hier lag unten ein Garten, oder richtiger, eine Gartenwildnis. Der Raum war freilich klein; denn wo das wuchernde Gebüsch sie nicht verdeckte, war von allen Seiten die hohe Umfassungsmauer sichtbar. An dieser, dem Fenster gegenüber, befand sich in augenscheinlichem Verfall, eine offene Rohrhütte; davor, von dem grünen Gespinst einer Klematis halb bedeckt, stand noch ein Gartenstuhl. Der Hütte gegenüber mußte einst eine Partie von hochstämmigen Rosen gewesen sein; aber sie hingen jetzt wie verdorrte Reiser an den entfärbten Blumenstöcken, während unter ihnen mit unzähligen Rosen bedeckte Zentifolien ihre fallenden Blätter auf Gras und Kraut umherstreuten.

Die Kleine hatte die Arme auf die Fensterbank und das Kinn in ihre beiden Hände gestützt und schaute mit sehnsüchtigen Augen hinab.

Drüben in der Rohrhütte flogen zwei Schwalben aus und ein; sie mußten wohl ihr Nest darin gebaut haben. Die anderen Vögel waren schon zur Ruhe gegangen; nur ein Rotbrüstchen sang dort noch herzhaft von dem höchsten Zweige des abgeblühten Goldregens und sah das Kind mit seinen schwarzen Augen an. –

»Nesi, wo steckst du denn?« sagte sanft eine alte Stimme, während eine Hand sich liebkosend auf das Haupt des Kindes legte.

Die alte Dienerin war unbemerkt hereingetreten. Das Kind wandte den Kopf und sah sie mit einem müden Ausdruck an. »Anne«, sagte es, »wenn ich nur einmal wieder in Großmutters Garten dürfte!«

Die Alte antwortete nicht darauf; sie kniff nur die Lippen zusammen und nickte ein paarmal wie zur Beistimmung. »Komm, komm!« sagte sie dann. »Wie siehst du aus! Gleich werden sie dasein, dein Vater und deine neue Mutter!« Damit zog sie das Kind in ihre Arme und strich und zupfte ihr Haar und Kleider zurecht. – »Nein, nein, Neschen! Du darfst nicht weinen; es soll eine gute Dame sein, und schön, Nesi; du siehst ja gern die schönen Leute!«

In diesem Augenblick tönte das Rasseln eines Wagens von der Straße herauf. Das Kind zuckte zusammen; die Alte aber faßte es bei der Hand und zog es rasch mit sich aus dem Zimmer. – Sie kamen noch früh genug, um den Wagen vorfahren zu sehen; die beiden Mägde hatten schon die Haustür aufgeschlagen. –

Das Wort der alten Dienerin schien sich zu bestätigen. Von einem etwa vierzigjährigen Manne, in dessen ernsten Zügen man Nesis Vater leicht erkannte, wurde eine junge schöne Frau aus dem Wagen gehoben. Ihr Haar und ihre Augen waren fast so dunkel wie die des Kindes, dessen Stiefmutter sie geworden war; ja man hätte sie, flüchtig angesehen, für die rechte halten können; wäre sie dazu nicht zu jung gewesen. Sie grüßte freundlich, während ihre Augen wie suchend umherblickten; aber ihr Mann führte sie rasch ins Haus in das untere Zimmer, wo sie von dem frischen Rosenduft empfangen wurde.

»Hier werden wir zusammen leben«, sagte er, indem er sie in einen weichen Sessel niederdrückte, »verlaß dies Zimmer nicht, ohne hier die erste Ruhe in deinem neuen Heim gefunden zu haben!«

Sie blickte innig zu ihm auf. »Aber du – willst du nicht bei mir bleiben?«

»Ich hole dir das Beste von den Schätzen unseres Hauses.«

»Ja, ja, Rudolf, deine Agnes! Wo war sie denn vorhin?«

Er hatte das Zimmer schon verlassen. Den Augen des Vaters war es nicht entgangen, daß bei ihrer Ankunft Nesi sich hinter der alten Anne versteckt gehalten hatte; nun, da er sie wie verloren draußen auf dem Hausflur stehen fand, hob er sie auf beiden Armen in die Höhe und trug sie so in das Zimmer.

»Und hier hast du die Nesi!« sagte er und legte das Kind zu den Füßen der schönen Stiefmutter auf den Teppich; dann, als habe er weiteres zu besorgen, ging er hinaus; er wollte die beiden allein sich finden lassen.

Nesi richtete sich langsam auf und stand nun schweigend vor der jungen Frau; beide sahen sich unsicher und prüfend in die Augen. Letztere, die wohl ein freundliches Entgegenkommen als selbstverständlich vorausgesetzt haben mochte, faßte endlich die Hände des Mädchens und sagte ernst: »Du weißt doch, daß ich jetzt deine Mutter bin, wollen wir uns nicht liebhaben, Agnes?«

Nesi blickte zur Seite.

»Ich darf aber doch Mama sagen?« sagte sie schüchtern.

»Gewiß, Agnes; sag, was du willst, Mama oder Mutter, wie es dir gefällt!«

Das Kind sah verlegen zu ihr auf und erwiderte beklommen: »Mama könnte ich gut sagen!«

Die junge Frau warf einen raschen Blick auf sie und heftete ihre dunklen Augen in die noch dunkleren des Kindes.

»Mama, aber nicht Mutter?« fragte sie.

»Meine Mutter ist ja tot«, sagte Nesi leise.

In unwillkürlicher Bewegung stießen die Hände der jungen Frau das Kind zurück; aber sie zog es gleich und heftig wieder an ihre Brust.

»Nesi«, sagte sie, »Mutter und Mama ist ja dasselbe!«

Nesi aber erwiderte nichts; sie hatte die Verstorbene immer nur Mutter genannt.

Das Gespräch war zu Ende. Der Hausherr war wieder eingetreten, und da er sein Töchterchen in den Armen seiner jungen Frau erblickte, lächelte er zufrieden.

»Aber jetzt komm«, sagte er heiter, indem er der letzteren seine Hand entgegenstreckte, »und nimm als Herrin Besitz von allen Räumen dieses Hauses!«

Und sie gingen miteinander fort; durch die Zimmer des unteren Hauses, durch Küche und Keller, dann die breite Treppe hinauf in einen großen Saal und in die kleineren Stuben und Kammern, die nach beiden Seiten der Treppe auf den Korridor hinausgingen.

Der Abend dunkelte schon; die junge Frau hing immer schwerer an dem Arm ihres Mannes, es war fast, als sei mit jeder Tür, die sich vor ihr geöffnet, eine neue Last auf ihre Schultern gefallen; immer einsilbiger wurden seine froh hervorströmenden Worte erwidert. Endlich, da sie vor der Tür seines Arbeitszimmers standen, schwieg auch er und hob den schönen Kopf zu sich empor, der stumm an seiner Schulter lehnte.

»Was ist dir, Ines?« sagte er. »Du freust dich nicht!«

»O doch, ich freue mich!«

»So komm!«

Als er die Tür geöffnet hatte, schien ihnen ein mildes Licht entgegen. Durch das westliche Fenster leuchtete der Schein des Abendgoldes, das drüben jenseits der Büsche des kleinen Gartens stand. – In diesem Lichte blickte das schöne Bild der Toten von der Wand herab; darunter auf dem matten Gold des Rahmens lag wie glühend die frische rote Rose.

Die junge Frau griff unwillkürlich mit der Hand nach ihrem Herzen und starrte sprachlos auf das süße lebensvolle Bild. Aber schon hatten die Arme ihres Mannes sie fest umfangen.

»Sie war einst mein Glück«, sagte er, »sei du es jetzt!«

Sie nickte, aber sie schwieg und rang nach Atem. Ach, diese Tote lebte noch, und für sie beide war doch nicht Raum in einem Hause!

Wie zuvor, da Nesi hier gewesen, tönte jetzt wieder aus dem großen nach Norden gelegenen Garten die mächtige Stimme eines Hundes.

Mit sanfter Hand wurde die junge Frau von ihrem Gatten an das dort hinausliegende Fenster geführt. »Sieh einmal hier hinab!« sagte er.

Drunten auf dem Steige, der um den großen Rasen führte, saß ein schwarzer Neufundländer; vor ihm stand Nesi und beschrieb mit einer ihrer schwarzen Flechten einen immer engeren Kreis um seine Nase. Dann warf der Hund den Kopf zurück und bellte, und Nesi lachte und begann das Spiel von neuem.

Auch der Vater, der diesem kindischen Treiben zusah, mußte lächeln; aber die junge Frau an seiner Seite lächelte nicht, und wie eine trübe Wolke flog es über ihn hin.

»Wenn es die Mutter wäre!« dachte er; laut aber sagte er: »Das ist unser Nero, den mußt du auch noch kennenlernen, Ines; der und Nesi sind gute Kameraden, sogar vor ihren Puppenwagen läßt sich das Ungeheuer spannen.«

Sie blickte zu ihm auf. »Hier ist so viel, Rudolf«, sagte sie wie zerstreut; »wenn ich nur durchfinde!«

»Ines, du träumst! Wir und das Kind, der Hausstand ist ja so klein wie möglich.«

»Wie möglich?« wiederholte sie tonlos, und ihre Augen folgten dem Kinde, das jetzt mit dem Hunde um den Rasen jagte; dann plötzlich, wie in Angst zu ihrem Mann emporsehend, schlang sie die Arme um seinen Hals und bat: »Halte mich fest, hilf mir! Mir ist so schwer.«

Wochen, Monate waren vergangen. – Die Befürchtungen der jungen Frau schienen sich nicht zu verwirklichen; wie von selber ging die Wirtschaft unter ihrer Hand. Die Dienerschaft fügte sich gern ihrem zugleich freundlichen und vornehmen Wesen, und auch wer von außen hinzutrat, fühlte, daß jetzt wieder eine dem Hausherrn ebenbürtige Frau im Innern walte. Für die schärfer blickenden Augen ihres Mannes freilich war es anders; er erkannte nur zu sehr, daß sie mit den Dingen seines Hauses wie mit Fremden verkehre, woran sie keinen Teil habe, das als gewissenhafte

Stellvertreterin sie nur um desto sorgsamer verwalten müsse. Es konnte den erfahrenen Mann nicht beruhigen, wenn sie sich zuweilen mit heftiger Innigkeit in seine Arme drängte, als müsse sie sich versichern, daß sie ihm, er ihr gehöre.

Auch zu Nesi hatte ein näheres Verhältnis sich nicht gebildet. Eine innere Stimme – der Liebe und der Klugheit – gebot der jungen Frau, mit dem Kinde von seiner Mutter zu sprechen, an die es die Erinnerung so lebendig, seit die Stiefmutter ins Haus getreten war, so hartnäckig bewahrte. Aber – das war es ja! Das süße Bild, das droben in ihres Mannes Zimmer hing – selbst ihre inneren Augen vermieden es zu sehen. Wohl hatte sie mehrmals schon den Mut gefaßt; sie hatte das Kind mit beiden Händen an sich gezogen, dann aber war sie verstummt; ihre Lippen hatten ihr den Dienst versagt, und Nesi, deren dunkle Augen bei solcher herzlichen Bewegung freudig aufgeleuchtet, war traurig wieder fortgegangen. Denn seltsam, sie sehnte sich nach der Liebe dieser schönen Frau; ja, wie Kinder pflegen, sie betete sie im stillen an. Aber ihr fehlte die Anrede, die der Schlüssel jedes herzlichen Gespräches ist; das eine – so war ihr – durfte sie, das andere konnte sie nicht sagen.

Auch dieses letzte Hemmnis fühlte Ines, und da es das am leichtesten zu beseitigende schien, so kehrten ihre Gedanken immer wieder auf diesen Punkt zurück.

So saß sie eines Nachmittags neben ihrem Manne im Wohnzimmer und blickte in den Dampf, der leise singend aus der Teemaschine aufstieg.

Rudolf, der eben seine Zeitung durchgelesen hatte, ergriff ihre Hand. »Du bist so still, Ines; du hast mich heute nicht ein einzig Mal gestört!«

»Ich hätte wohl etwas zu sagen«, erwiderte sie zögernd, indem sie ihre Hand aus der seinen löste.

»So sag es denn!«

Aber sie schwieg noch eine Weile.

»Rudolf«, sagte sie endlich, »laß dein Kind mich Mutter nennen!«

»Und tut sie denn das nicht?«

Sie schüttelte den Kopf und erzählte ihm, was am Tage ihrer Ankunft vorgefallen war.

Er hörte ihr ruhig zu. »Es ist ein Ausweg«, sagte er dann, »den hier die Kinderseele unbewußt gefunden hat. Wollen wir ihn nicht dankbar gelten lassen?«

Die junge Frau antwortete nicht darauf, sie sagte nur: »So wird das Kind mir niemals nahekommen.«

Er wollte wieder ihre Hand fassen, aber sie entzog sie ihm.

»Ines«, sagte er, »verlange nur nichts, was die Natur versagt; von Nesi nicht, daß sie dein Kind, und nicht von dir, daß du ihre Mutter seist!«

Die Tränen brachen ihr aus den Augen. »Aber ich soll doch ihre Mutter sein«, sagte sie fast heftig.

»Ihre Mutter? Nein, Ines, das sollst du nicht.«

»Was soll ich denn, Rudolf?«

Hätte sie die naheliegende Antwort auf diese Frage jetzt verstehen können, sie würde sie sich selbst gegeben haben. Er fühlte das und sah ihr sinnend in die Augen, als müsse er dort die helfenden Worte finden.

»Bekenn es nur!« sagte sie, sein Schweigen mißverstehend. »Darauf hast du keine Antwort.«

»Oh, Ines!« rief er. »Wenn erst aus deinem eigenen Blut ein Kind auf deinem Schoße liegt!«

Sie machte eine abwehrende Bewegung; er aber sagte: »Die Zeit wird kommen, und du wirst fühlen, wie das Entzücken, das aus deinem Auge bricht, das erste Lächeln deines Kindes weckt und wie es seine kleine Seele zu dir zieht. – Auch über Nesi haben einst zwei selige Augen so geleuchtet; dann schlug sie den kleinen Arm um einen Nacken, der sich zu ihr niederbeugte, und sagte: ›Mutter!‹ – Zürne nicht mit ihr, daß sie es zu keiner anderen auf der Welt mehr sagen kann!«

Ines hatte seine Worte kaum gehört; ihre Gedanken verfolgten nur den einen Punkt. »Wenn du sagen kannst: Sie ist ja nicht dein Kind, warum sagst du denn nicht auch: Du bist ja nicht mein Weib!«

Und dabei blieb es. Was gingen sie seine Gründe an!

Er zog sie an sich; er suchte sie zu beruhigen; sie küßte ihn und sah ihn durch Tränen lächelnd an; aber geholfen war ihr damit nicht. –

Als Rudolf sie verlassen hatte, ging sie hinaus in den großen Garten. Bei ihrem Eintritt sah sie Nesi mit einem Schulbuche in der Hand um den breiten Rasen wandern, aber sie wich ihr aus und schlug einen Seitenweg ein, der zwischen Gebüsch an der Gartenmauer entlangführte.

Dem Kinde war beim flüchtigen Aufblick der Ausdruck von Trauer in den schönen Augen der Stiefmutter nicht entgangen, und wie magnetisch nachgezogen, immer lernend und ihre Lektion vor sich her murmelnd, war auch sie allmählich in jenen Steig geraten.

Ines stand eben vor einer in der hohen Mauer befindlichen Pforte, die von einem Schlinggewächs mit lila Blüten fast verhangen war. Mit abwesenden Blicken ruhten ihre Augen darauf, und sie wollte schon ihre stille Wanderung wieder beginnen, als sie das Kind sich entgegenkommen sah.

Nun blieb sie stehen und fragte: »Was ist das für eine Pforte, Nesi?«

»Zu Großmutters Garten!«

»Zu Großmutters Garten? – Deine Großeltern sind doch schon lange tot!«

»Ja, schon lange, lange.«

»Und wem gehört denn jetzt der Garten?«

»Uns!« sagte das Kind, als verstehe sich das von selbst.

Ines bog ihren schönen Kopf unter das Gesträuch und begann an der eisernen Klinke der Tür zu rütteln; Nesi stand schweigend dabei, als wolle sie den Erfolg dieser Bemühungen abwarten.

»Aber er ist ja verschlossen!« rief die junge Frau, indem sie abließ und mit dem Schnupftuch den Rost von ihren Fingern wischte. »Ist es der wüste Garten, den man aus Vaters Stubenfenster sieht?«

Das Kind nickte.

»Horch nur, wie drüben die Vögel singen!«

Inzwischen war die alte Dienerin in den Garten getreten. Als sie die Stimmen der beiden von der Mauer her vernahm, beeilte sie sich, in ihre Nähe zu kommen. »Es ist Besuch drinnen«, meldete sie.

Ines legte freundlich ihre Hand an Nesis Wange. »Vater ist ein schlechter Gärtner«, sagte sie im Fortgehen; »da müssen wir beide noch hinein und Ordnung schaffen.«

Im Hause kam Rudolf ihr entgegen.

»Du weißt, das Müllersche Quartett spielt heute abend«, sagte er, »die Doktorsleute sind da und wollen uns vor Unterlassungssünden warnen.«

Als sie zu den Gästen in die Stube getreten waren, entspann sich ein langes, lebhaftes Gespräch über Musik; dann kamen häusliche Geschäfte, die noch besorgt werden mußten. Der wüste Garten war für heut vergessen.

Am Abend war das Konzert – Die großen Toten, Haydn und Mozart, waren an den Hörern vorübergezogen, und eben verklang auch der letzte Akkord von Beethovens c-Moll-Quartett, und statt der feierlichen Stille, in der allein die Töne auf und nieder glänzten, rauschte jetzt das Geplauder der fortdrängenden Zuhörer durch den weiten Raum.

Rudolf stand neben dem Stuhle seiner jungen Frau. »Es ist aus, Ines«, sagte er, sich zu ihr niederbeugend; »oder hörst du noch immer etwas?«

Sie saß noch wie horchend, ihre Augen nach dem Podium gerichtet, auf dem nur noch die leeren Pulte standen. Jetzt reichte sie ihrem Manne die Hand. »Laß uns heimgehen, Rudolf«, sagte sie aufstehend.

An der Tür wurden sie von ihrem Hausarzte und dessen Frau aufgehalten, den einzigen Menschen, mit denen Ines bis jetzt in einen näheren Verkehr getreten war.

»Nun?« sagte der Doktor und nickte ihnen mit dem Ausdruck innerster Befriedigung zu. »Aber kommen Sie mit uns, es ist ja auf dem Wege; nach so etwas muß man noch ein Stündchen zusammensitzen.«

Rudolf wollte schon mit heiterer Zustimmung antworten, als er sich leise am Ärmel gezupft fühlte und die Augen seiner Frau mit dem Ausdruck dringenden Bittens auf sich gerichtet sah. Er verstand sie wohl. »Ich verweise die Entscheidung an die höhere Instanz«, sagte er scherzend.

Und Ines wußte unerbittlich den nicht so leicht zu besiegenden Doktor auf einen anderen Abend zu vertrösten.

Als sie am Hause ihrer Freunde sich von diesen verabschiedet hatten, atmete sie auf wie befreit.

»Was hast du heute gegen unsere lieben Doktorsleute?« fragte Rudolf.

Sie drückte sich fest in den Arm ihres Mannes. »Nichts«, sagte sie; »aber es war so schön heute abend; ich muß nun ganz mit dir allein sein.«

Sie schritten rascher ihrem Hause zu.

»Sieh nur«, sagte er, »im Wohnzimmer unten ist schon Licht, unsere alte Anne wird den Teetisch schon gerüstet haben. Du hattest recht, daheim ist doch noch besser als bei anderen.«

Sie nickte nur und drückte ihm still die Hand. – Dann traten sie in ihr Haus; lebhaft öffnete sie die Stubentür und schlug die Vorhänge zurück.

Auf dem Tische, wo einst die Vase mit den Rosen gestanden hatte, brannte jetzt eine große Bronzelampe und beleuchtete einen schwarzhaarigen Kinderkopf, der schlafend auf die mageren Ärmchen hingesunken war; die Ecken eines Bilderbuches ragten eben darunter hervor.

Die junge Frau blieb wie erstarrt in der Tür stehen; das Kind war ganz aus ihrem Gedankenkreise verschwunden gewesen. Ein Zug herber Enttäuschung flog um ihre schönen Lippen. »Du, Nesi!« stieß sie hervor, als ihr Mann sie vollends in das Zimmer hineingeführt hatte. »Was machst du denn noch hier?«

Nesi erwachte und sprang auf. »Ich wollte auf euch warten«, sagte sie, indem sie halb lächelnd mit der Hand über ihre blinzelnden Augen fuhr.

»Das ist unrecht von Anne; du hättest längst zu Bette sein sollen.«

Ines wandte sich ab und trat an das Fenster; sie fühlte, wie ihr die Tränen aus den Augen quollen. Ein unentwirrbares Gemisch von bitteren Gefühlen wühlte in ihrer Brust; Heimweh, Mitleid mit sich selber, Reue über ihre Lieblosigkeit gegen das Kind des geliebten Mannes; sie wußte selber nicht, was alles jetzt sie überkam; aber – und mit der Wollust und Ungerechtigkeit des Schmerzes sprach sie es sich selber vor – da war es: ihrer Ehe fehlte die Jugend, und sie selber war doch noch so jung!

Als sie sich umwandte, war das Zimmer leer. – Wo war die schöne Stunde, auf die sie sich gefreut? – Sie dachte nicht daran, daß sie sie selbst verscheucht hatte. –

Das Kind, welches mit fast erschreckten Augen dem ihm unverständlichen Vorgange zugesehen hatte, war von dem Vater still hinausgeführt worden.

»Geduld!« sprach er zu sich selber, als er, den Arm um Nesi geschlungen, mit ihr die Treppe hinaufstieg; und auch er, in einem anderen Sinne, setzte hinzu: »Sie ist ja noch so jung.«

Eine Kette von Gedanken und Plänen tauchte in ihm auf; mechanisch öffnete er das Zimmer, wo Nesi mit der alten Anne schlief und in dem sie von dieser schon erwartet wurde. Er küßte sie und sprach: »Ich werde Mama von dir gute Nacht sagen.« Dann wollte er zu seiner Frau hinabgehen; aber er kehrte wieder um und trat am Ende des Korridors in sein Studierzimmer.

Auf dem Aufsatze des Schreibtisches stand eine Bronzelampe aus Pompeji, die er kürzlich erst erworben und versuchshalber mit Öl gefüllt hatte; er nahm sie herab, zündete sie an und stellte sie wieder an ihren Ort unter das Bildnis der Verstorbenen; ein Glas mit Blumen, das auf der Platte des Tisches gestanden, setzte er daneben. Er tat dies fast gedankenlos; nur, als müsse er auch seinen Händen zu tun geben, während es ihm in Kopf und Herzen arbeitete. Dann trat er dicht daneben an das Fenster und öffnete beide Flügel desselben.

Der Himmel war voll Wolken; das Licht des Mondes konnte nicht herabgelangen. Drunten in dem kleinen Garten lag das wuchernde Gesträuch wie eine dunkle Masse; nur dort, wo zwischen schwarzen pyramidenförmigen Koniferen der Steig zur Rohrhütte führte, schimmerte zwischen ihnen der weiße Kies hindurch.

Und aus der Phantasie des Mannes, der in diese Einsamkeit hinabsah, trat eine liebliche Gestalt, die nicht mehr den Lebenden angehörte; er sah sie unten auf dem Steige wandeln, und ihm war, als gehe er an ihrer Seite.

»Laß dein Gedächtnis mich zur Liebe stärken«, sprach er; aber die Tote antwortete nicht; sie hielt den schönen, bleichen Kopf zur Erde geneigt; er fühlte mit süßem Schauder ihre Nähe, aber Worte kamen nicht von ihr.

Da bedachte er sich, daß er hier oben ganz allein stehe. Er glaubte an den vollen Ernst des Todes; die Zeit, wo sie gewesen, war vorüber. – Aber unter ihm lag noch wie einst der Garten ihrer Eltern; von seinen Büchern durch das Fenster sehend, hatte er dort zuerst das kaum fünfzehnjährige Mädchen erblickt; und das Kind mit den blonden Flechten hatte dem ernsten Manne die Gedanken fortgenommen, immer mehr, bis sie zuletzt als Frau die Schwelle seines Hauses überschritten und ihm alles und noch mehr zurückgebracht hatte. – Jahre des Glückes und freudigen Schaffens waren mit ihr eingezogen; den kleinen Garten aber, als die Eltern früh verstorben waren und das Haus verkauft wurde, hatten sie behalten und durch eine Pforte in der Grenzmauer mit dem großen Garten ihres Hauses verbunden. Fast verborgen war schon damals diese Pforte unter hängendem Gesträuch, das sie ungehindert wachsen ließen; denn sie gingen durch dieselbe in den traulichsten Ort ihres Sommerlebens, in welchen selbst die Freunde des Hauses nur selten hineingelassen wurden. – In der Rohrhütte, in welcher er einst von seinem Fenster aus die jugendliche Geliebte über ihren Schularbeiten belauscht hatte, saß jetzt zu den Füßen der blonden Mutter ein Kind mit dunklen, nachdenklichen Augen; und wenn er nun den Kopf von seiner Arbeit wandte, so tat er einen Blick in das vollste Glück des Menschenlebens. – Aber heimlich hatte der Tod sein Korn hineingeworfen. Es war in den ersten Tagen eines Junimondes, da trug man das Bett der schwer Erkrankten aus dem daranliegenden Schlafgemach in das Arbeitszimmer ihres Mannes; sie wollte die Luft noch um sich haben, die aus dem Garten ihres Glückes durch das offene Fenster wehte. Der große Schreibtisch war beiseite gestellt; seine Gedanken waren nun alle nur bei ihr. – Draußen war ein unvergleichlicher Frühling aufgegangen; ein Kirschbaum stand mit Blüten überschneit. In unwillkürlichem Drange hob er die Gestalt aus den Kissen und trug sie an das Fenster. »Oh, sieh es noch einmal! Wie schön ist doch die Welt!«

Aber sie wiegte leise ihren Kopf und sagte: »Ich sehe es nicht mehr.« –

Und bald kam es, da wußte er das Flüstern, welches aus ihrem Munde brach, nicht mehr zu deuten. Immer schwächer glimmte der Funken; nur ein schmerzliches Zucken bewegte noch die Lippen, hart und stöhnend im Kampfe um das Leben ging der Atem. Aber es wurde leiser, immer leiser, zuletzt süß wie ein Bienengetön. Dann noch einmal war's, als wandle ein blauer Lichtstrahl durch die offenen Augen; und dann war Frieden.

»Gute Nacht, Marie!« – Aber sie hörte es nicht mehr. –

Noch ein Tag, und die stille, edle Gestalt lag unten in dem großen, dämmerigen Gemach in ihrem Sarge. Die Diener des Hauses traten leise auf; drinnen stand er neben seinem Kinde, das die alte Anne an der Hand hielt.

»Nesi«, sagte diese, »du fürchtest dich doch nicht?«

Und das Kind, von der Erhabenheit des Todes angeweht, antwortete: »Nein, Anne, ich bete.«

Dann kam der allerletzte Gang, welcher noch mit ihr zu gehen ihm vergönnt war; nach ihrer beider Sinn ohne Priester und Glockenklang, aber in der heiligen Morgenfrühe, die ersten Lerchen stiegen eben in die Luft.

Das war vorüber; aber er besaß sie noch in seinem Schmerze; wenn auch ungesehen, sie lebte noch mit ihm. Doch unbemerkt entschwand auch dies; er suchte sie oft mit Angst, aber immer seltener wußte er sie zu finden. Nun erst schien ihm sein Haus unheimlich leer und öde; in den Winkeln saß eine Dämmerung, die früher nicht dort gesessen hatte; es war so seltsam anders um ihn her; und sie war nirgends. –

Der Mond war aus dem Wolkendunst hervorgetreten und beleuchtete hell die unten liegende Gartenwildnis. Er stand noch immer an derselben Stelle, den Kopf gegen das Fensterkreuz gelehnt; aber seine Augen sahen nicht mehr, was draußen war.

Da öffnete sich hinter ihm die Tür, und eine Frau von dunkler Schönheit trat herein.

Das leise Rauschen ihres Kleides hatte den Weg zu seinem Ohr gefunden; er wandte den Kopf und sah sie forschend an.

»Ines!« rief er; er stieß das Wort hervor, aber er ging ihr nicht entgegen.

Sie war stehengeblieben. »Was ist dir, Rudolf? Erschrickst du vor mir?«

Er schüttelte den Kopf und versuchte zu lächeln. »Komm«, sagte er, »laß uns hinuntergehen.«

Aber während er ihre Hand faßte, waren ihre Augen auf das von der Lampe beleuchtete Bild und die danebenstehenden Blumen gefallen. – Wie ein plötzliches Verständnis flog es durch ihre Züge. »Es ist ja bei dir wie in einer Kapelle«, sagte sie, und ihre Worte klangen kalt, fast feindlich.

Er hatte alles begriffen. »Oh, Ines!« rief er. »Sind nicht auch dir die Toten heilig!«

»Die Toten! Wem sollten die nicht heilig sein! Aber, Rudolf«, und sie zog ihn wieder an das Fenster; ihre Hände zitterten, und ihre schwarzen Augen flimmerten vor Erregung, »sag mir, die ich jetzt dein Weib bin, warum hältst du diesen Garten verschlossen und lässest keines Menschen Fuß hinein?«

Sie zeigte mit der Hand in die Tiefe; der weiße Kies zwischen den schwarzen Pyramidensträuchern schimmerte gespenstisch; ein großer Nachtschmetterling flog eben darüber hin.

Er hatte schweigend hinabgeblickt. »Das ist ein Grab, Ines«, sagte er jetzt, »oder, wenn du lieber willst, ein Garten der Vergangenheit.«

Aber sie sah ihn heftig an. »Ich weiß das besser, Rudolf! Das ist der Ort, wo du bei ihr bist; dort auf dem weißen Steige wandelt ihr zusammen; denn sie ist nicht tot; noch eben, jetzt in dieser Stunde, warst du bei ihr und hast mich, dein Weib, bei ihr verklagt. Das ist Untreue, Rudolf, mit einem Schatten brichst du mir die Ehe!«

Er legte schweigend den Arm um ihren Leib und führte sie, halb mit Gewalt, vom Fenster fort. Dann nahm er die Lampe von dem Schreibtisch und hielt sie hoch gegen das Bild empor. »Ines, wirf nur einen Blick auf sie!«

Und als die unschuldigen Augen der Toten auf sie herabblickten, brach sie in einen Strom von Tränen aus.

»Oh, Rudolf, ich fühle es, ich werde schlecht!«

»Weine nicht so«, sagte er. »Auch ich habe Unrecht getan; aber habe auch du Geduld mit mir!« – Er zog ein Schubfach seines Schreibtisches auf und legte einen Schlüssel in ihre Hand. »Öffne du den Garten wieder, Ines! – Gewiß, es macht mich glücklich, wenn dein Fuß der erste ist, der wieder ihn betritt. Vielleicht, daß im Geiste sie dir dort begegnet und mit ihren milden Augen dich so lange ansieht, bis du schwesterlich den Arm um ihren Nacken legst!«

Sie sah unbeweglich auf den Schlüssel, der noch immer in ihrer offenen Hand lag.

»Nun, Ines, willst du nicht annehmen, was ich dir gegeben habe?«

Sie schüttelte den Kopf.

»Noch nicht, Rudolf, ich kann noch nicht, später – später; dann wollen wir zusammen hineingehen.« Und indem ihre schönen dunklen Augen bittend zu ihm aufblickten, legte sie still den Schlüssel auf den Tisch.

Ein Samenkorn war in den Boden gefallen, aber die Zeit des Keimens lag noch fern.

Es war im November. – Ines konnte endlich nicht mehr daran zweifeln, daß auch sie Mutter werden solle, Mutter eines eigenen Kindes. Aber zu dem Entzücken, das sie bei dem Bewußtsein überkam, gesellte sich bald ein anderes. Wie ein unheimliches Dunkel lag es auf ihr, aus dem allmählich sich ein Gedanke gleich einer bösen Schlange emporwand. Sie suchte ihn zu verscheuchen, sie flüchtete sich vor ihm zu allen guten Geistern ihres Hauses, aber er verfolgte sie, er kam immer wieder und immer mächtiger. War sie nicht nur von außen wie eine Fremde in dies Haus getreten, das schon ohne sie ein fertiges Leben in sich schloß? – Und eine zweite Ehe – gab es denn überhaupt eine solche? Mußte die erste, die einzige, nicht bis zum Tode fortdauern? – Nicht nur bis zum Tode! Auch weiter – weiter bis in alle Ewigkeit! Und wenn das? – Die heiße Glut schlug ihr ins Gesicht; sich selbst zerfleischend, griff sie nach den härtesten Worten. – Ihr Kind – ein Eindringling, ein Bastard, würde es im eigenen Vaterhause sein!

Wie vernichtet ging sie umher; ihr junges Glück und Leid trug sie allein; und wenn der, welcher den nächsten Anspruch hatte, es mit ihr zu teilen, sie besorgt und fragend anblickte, so schlossen sich ihre Lippen wie in Todesangst. –

In dem gemeinschaftlichen Schlafgemache waren die schweren Fenstervorhänge heruntergelassen, nur durch eine schmale Lücke zwischen denselben stahl sich ein Streifen Mondlicht herein. Unter quälenden Gedanken war

Ines eingeschlafen, nun kam der Traum; da wußte sie es: Sie konnte nicht bleiben, sie mußte fort aus diesem Hause, nur ein kleines Bündelchen wollte sie mitnehmen, dann fort, weit weg – zu ihrer Mutter, auf Nimmerwiederkehr! Aus dem Garten, hinter den Fichten, welche die Rückwand desselben bildeten, führte ein Pförtchen in das Freie; den Schlüssel hatte sie in ihrer Tasche, sie wollte fort – gleich. –

Der Mond rückte weiter, von der Bettstatt auf das Kissen, und jetzt lag ihr schönes Antlitz voll beleuchtet in seinem blassen Schein. – Da richtete sie sich auf. Geräuschlos entstieg sie dem Bett und trat mit nackten Füßen in ihre davorstehenden Schuhe. Nun stand sie mitten im Zimmer in ihrem weißen Schlafgewand; ihr dunkles Haar hing, wie sie es nachts zu ordnen pflegte, in zwei langen Flechten über ihre Brust. Aber ihre sonst so elastische Gestalt schien wie zusammengesunken; es war, als liege die Last des Schlafes auf ihr. Tastend, mit vorgestreckten Händen, glitt sie durch das Zimmer, aber sie nahm nichts mit, kein Bündelchen, keinen Schlüssel. Als sie mit den Fingern über die auf einem Stuhle liegenden Kleider ihres Mannes streifte, zögerte sie einen Augenblick, als gewinne eine andere Vorstellung in ihr Raum; gleich darauf aber schritt sie leise und feierlich zur Stubentür hinaus und weiter die Treppe hinab. Dann klang unten im Flure das Schloß der Hoftür, kalte Luft blies sie an, der Nachtwind hob die schweren Flechten auf ihrer Brust. –

Wie sie durch den finsteren Wald gekommen, der hinter ihr lag, das wußte sie nicht; aber jetzt hörte sie es überall aus dem Dickicht hervorbrechen; die Verfolger waren hinter ihr. Vor ihr erhob sich ein großes Tor; mit aller Macht ihrer kleinen Hände stieß sie den einen Flügel auf; eine öde, unabsehbare Heide dehnte sich vor ihr aus, und plötzlich wimmelte es von großen schwarzen Hunden, die in emsigem Laufe gegen sie daherrannten; sie sah die roten Zungen aus ihren dampfenden Rachen hängen, sie hörte ihr Gebell, immer näher – tönender –

Da öffneten sich ihre halbgeschlossenen Augen, und allmählich begann sie es zu fassen. Sie erkannte, daß sie eben innerhalb des großen Gartens stehe; ihre eine Hand hielt noch die Klinke der eisernen Gittertür. Der Wind spielte mit ihrem leichten Nachtgewande; von den Linden, welche zur Seite des Einganges standen, wirbelte ein Schauer von gelben Blättern auf sie herab. – Doch – was war das? – Drüben aus den Tannen, ganz wie sie es vorhin zu hören glaubte, erscholl auch jetzt das Bellen eines Hundes, sie hörte deutlich etwas durch die dürren Zweige brechen. Eine Todesangst überfiel sie. – Und wieder erscholl das Gebell.

»Nero«, sagte sie, »es ist Nero.«

Aber sie hatte sich mit dem schwarzen Hüter des Hauses nie befreundet, und unwillkürlich lief ihr das wirkliche Tier mit den grimmigen Hunden des Traumes in eins zusammen; und jetzt sah sie ihn von jenseits des Rasens in großen Sprüngen auf sich zukommen. Doch er legte sich vor ihr nieder, und jenes unverkennbare Winseln der Freude ausstoßend, leckte er ihre nackten Füße. Zugleich kamen Schritte vom Hofe her, und einen Augenblick darauf umfingen sie die Arme ihres Mannes; gesichert legte sie den Kopf an seine Brust.

Vom Gebell des Hundes aufgewacht, hatte er mit jähem Schreck ihr Lager an seiner Seite leer gesehen. Ein dunkles Wasser glitzerte plötzlich vor seinem inneren Auge; es lag nur tausend Schritt hinter ihrem Garten an einem Feldweg unter dichten Erlenbüschen. Wie vor einigen Tagen sah er sich mit Ines an dem grünen Uferrande stehen; er sah sie bis in das Schilf hinabgehen und einen Stein, den sie vorhin am Wege aufgesammelt, in die Tiefe werfen. »Komm zurück, Ines!« hatte er gerufen. »Es ist nicht sicher dort.« Aber sie war noch immer stehengeblieben, mit den schwermütigen Augen in die Kreise starrend, welche langsam auf dem schwarzen Wasserspiegel ausliefen. »Das ist wohl unergründlich?« hatte sie gefragt, da er sie endlich in seinen Armen fortgerissen.

Das alles war in wilder Furcht durch seinen Kopf gegangen, als er die Treppe nach dem Hofe hinabgestürmt. – Auch damals waren sie durch den Garten von ihrem Hause fortgegangen, und jetzt traf er sie hier, fast unbekleidet, das schöne Haar vom Nachttau feucht, der noch immer von den Bäumen tropfte.

Er hüllte sie in den Plaid, welchen er sich selbst vorm Hinuntergehen übergeworfen hatte. »Ines«, sagte er, das Herz schlug ihm so gewaltig, daß er das Wort fast rauh hervorstieß, »was ist das? Wie bist du hierhergekommen?«

Sie schauerte in sich zusammen.

»Ich weiß nicht, Rudolf – ich wollte fort – mir träumte; oh, Rudolf, es muß etwas Furchtbares gewesen sein!«

»Dir träumte? Wirklich, dir träumte!« wiederholte er und atmete auf, wie von einer schweren Last befreit.

Sie nickte nur und ließ sich wie ein Kind ins Haus und in das Schlafgemach zurückführen.

Als er sie hier sanft aus seinen Armen ließ, sagte sie: »Du bist so stumm, du zürnst gewiß?«

»Wie sollt' ich zürnen, Ines! Ich hatte Angst um dich. Hast du schon früher so geträumt?«

Sie schüttelte erst den Kopf, bald aber besann sie sich. »Doch – einmal; nur war nichts Schreckliches dabei.«

Er trat ans Fenster und zog die Vorhänge zurück, so daß das Mondlicht voll ins Zimmer strömte.

»Ich muß dein Antlitz sehen«, sagte er, indem er sie auf die Kante ihres Bettes niederzog und sich dann selbst an ihre Seite setzte. »Willst du mir nun erzählen, was dir damals Liebliches geträumt hat? Du brauchst nicht laut zu sprechen; in diesem zarten Lichte trifft auch der leiseste Ton das Ohr.«

Sie hatte den Kopf an seine Brust gelegt und sah zu ihm empor.

»Wenn du es wissen willst«, sagte sie nachsinnend. »Es war, glaub ich, an meinem dreizehnten Geburtstag; ich hatte mich ganz in das Kind, in den kleinen Christus, verliebt, ich mochte meine Puppen nicht mehr ansehen.«

»In den kleinen Christus, Ines?«

»Ja, Rudolf«; und sie legte sich wie zur Ruhe noch fester in seinen Arm; »meine Mutter hat mir ein Bild geschenkt, eine Madonna mit dem Kinde; es hing hübsch eingerahmt über meinem Arbeitstischchen in der Wohnstube.«

»Ich kenne es«, sagte er, »es hängt ja noch dort; deine Mutter wollte es behalten zur Erinnerung an die kleine Ines.«

»O meine liebe Mutter!«

Er zog sie fester an sich; dann sagte er: »Darf ich weiter hören, Ines?«

»Doch! Aber ich schäme mich, Rudolf.« Und dann leise und zögernd fortfahrend: »Ich hatte an jenem Tage nur Augen für das Christkind; auch nachmittags, als meine Gespielinnen da waren; ich schlich mich heimlich hin und küßte das Glas vor seinem kleinen Munde – es war mir ganz, als wenn's lebendig wäre – hätte ich es nur auch wie die Mutter auf dem Bild in meine Arme nehmen können!« – Sie schwieg; ihre Stimme war bei den letzten Worten zu einem flüsternden Hauch herabgesunken.

»Und dann, Ines?« fragte er. »Aber du erzählst mir so beklommen!«

»Nein, nein, Rudolf! Aber – in der Nacht, die darauf folgte, muß ich auch im Traume aufgestanden sein; denn am andern Morgen fanden sie mich in meinem Bette, das Bild in beiden Armen, mit meinem Kopf auf dem zerdrückten Glas eingeschlafen.«

Eine Weile war es totenstill im Zimmer.

»Und jetzt?« fragte er ahnungsvoll und sah ihr tief und herzlich in die Augen. »Was hat dich heute denn von meiner Seite in die Nacht hinausgetrieben?«

»Jetzt, Rudolf?« – Er fühlte, wie ein Zittern über alle ihre Glieder lief. Plötzlich schlang sie die Arme um seinen Hals, und mit erstickter Stimme flüsterte sie angstvolle und verworrene Worte, deren Sinn er nicht verstehen konnte.

»Ines, Ines!« sagte er und nahm ihr schönes kummervolles Antlitz in seine beiden Hände.

»O Rudolf! Laß mich sterben; aber verstoße nicht unser Kind!«

Er war vor ihr aufs Knie gesunken und küßte ihr die Hände. Nur die Botschaft hatte er gehört und nicht die dunklen Worte, in denen sie ihm verkündigt wurde; von seiner Seele flogen alle Schatten fort, und hoffnungsreich zu ihr emporschauend, sprach er leise:

»Nun muß sich alles, alles wenden!«

Die Zeit ging weiter, aber die dunklen Gewalten waren noch nicht besiegt. Nur mit Widerstreben fügte Ines die noch aus Nesis Wiegenzeit vorhandenen Dinge der kleinen Ausrüstung bei, und manche Träne fiel in die kleinen Mützen und Jäckchen, an welchen sie jetzt stumm und eifrig nähte.

Auch Nesi war es nicht entgangen, daß etwas Ungewöhnliches sich vorbereitete. Im Oberhause, nach dem großen Garten hinaus, stand plötzlich eine Stube erst verschlossen, in der sonst ihre Spielsachen aufbewahrt gewesen waren; sie hatte durchs Schlüsselloch hineingeguckt; eine Dämmerung, eine feierliche Stille schien darin zu walten. Und als sie ihre Puppenküche, die man auf den Korridor hinausgesetzt hatte, mit Hilfe der alten Anne auf den Hausboden trug, suchte sie dort vergebens nach der Wiege mit dem grünen Taffetschirme, welche, solange sie denken konnte, hier unter dem schrägen Dachfenster gestanden hatte. Neugierig spähte sie in alle Winkel.

»Was gehst du herum wie ein Kontrolleur?« sagte die Alte.

»Ja, Anne, wo ist aber meine Wiege geblieben?«

Die Alte blickte sie mit schlauem Lächeln an. »Was meinst«, sagte sie, »wenn dir der Storch noch so ein Brüderchen brächte?«

Nesi sah betroffen auf; aber sie fühlte sich durch diese

Anrede in ihrer elfjährigen Würde gekränkt. »Der Storch?« sagte sie verächtlich.

»Nun freilich, Nesi.«

»Du mußt nicht so was zu mir sprechen, Anne. Das glauben die kleinen Kinder; aber ich weiß wohl, daß es dummes Zeug ist.«

»So? – Wenn du es besser weißt, Mamsell Naseweis, woher kommen denn die Kinderchen, wenn nicht der Storch sie bringt, der es doch schon die Tausende von Jahren her besorgt hat?«

»Sie kommen vom lieben Gott«, sagte Nesi pathetisch. »Sie sind auf einmal da.«

»Bewahr uns in Gnaden!« rief die Alte. »Was doch die Guckindiewelt heutzutage klug sind! Aber du hast recht, Nesi; wenn du's gewiß weißt, daß der liebe Gott den Storch vom Amte gesetzt hat – ich glaub's selber, er wird es schon allein besorgen können. – Nun aber, wenn's denn so auf einmal da wär, das Brüderchen – oder wolltest du lieber ein Schwesterlein? Würd's dich freuen, Neschen?«

Nesi stand vor der Alten, die sich auf einen Reisekoffer niedergelassen hatte; ein Lächeln verklärte ihr ernstes Gesichtchen, dann aber schien sie nachzusinnen.

»Nun, Neschen«, forschte wieder die Alte. »Würd's dich freuen, Neschen?«

»Ja, Anne«, sagte sie endlich, »ich möchte wohl eine kleine Schwester haben, und Vater würde sich gewiß auch freuen; aber –«

»Nun, Neschen! Was hast du noch zu abern?«

»Aber«, wiederholte Nesi und hielt dann wieder einen Augenblick wie grübelnd inne; »das Kind würde ja dann doch keine Mutter haben!«

»Was?« rief die Alte ganz erschrocken und strebte mühsam von ihrem Koffer auf. »Das Kind keine Mutter? Du bist mir zu gelehrt, Nesi; komm, laß uns hinabgehen! – Hörst du? Da schlägt's zwei! Nun mach, daß du in die Schule kommst!«

Schon brausten die ersten Frühlingsstürme um das Haus; die Stunde nahte. –

»Wenn ich's nicht überlebte«, dachte Ines, »ob er auch meiner dann gedenken würde?«

Mit scheuen Augen ging sie an der Tür des Zimmers vorüber, welches schweigend sie und ihr künftiges Geschick erwartete; leise trat sie auf, als sei drinnen etwas, was sie zu wecken fürchte.

Und endlich war dem Hause ein Kind, ein zweites Töchterchen, geboren. Von außen pochten die lichtgrünen Zweige an die Fenster; aber drinnen in dem Zimmer lag die junge Mutter bleich und entstellt; das warme Sonnenbraun der Wangen war verschwunden; aber in ihren Augen brannte ein Feuer, das den Leib verzehrte. Rudolf saß an dem Bett und hielt ihre schmale Hand in der seinen.

Jetzt wandte sie mühsam den Kopf nach der Wiege, die unter der Hut der alten Anne an der andern Seite des Zimmers stand. »Rudolf«, sagte sie matt, »ich habe noch eine Bitte!«

– »Noch *eine*, Ines? Ich werde noch viel von dir zu bitten haben.«

Sie sah ihn traurig an; nur eine Sekunde lang; dann flog ihr Auge hastig wieder nach der Wiege. »Du weißt«, sagte sie, immer schwerer atmend, »es gibt kein Bild von mir! Du wolltest immer, es solle nur von einem guten Meister gemalt werden – wir können nicht mehr warten auf die Meisterhand. – Du könntest einen Fotografen kommen lassen, Rudolf; es ist ein wenig umständlich; aber – mein Kind, es wird mich nicht mehr kennenlernen; es muß doch wissen, wie die Mutter ausgesehen.«

»Warte noch ein wenig!« sagte er und suchte einen mutigen Ton in seine Stimme zu legen. »Es würde dich jetzt zu sehr erregen; warte, bis deine Wangen wieder voller werden!«

Sie strich mit beiden Händen über ihr schwarzes Haar, das lang und glänzend auf dem Deckbett lag, indem sie einen fast wilden Blick im Zimmer umherwarf.

»Einen Spiegel!« sagte sie, indem sie sich völlig in den Kissen aufrichtete. »Bringt mir einen Spiegel!«

Er wollte wehren; aber schon hatte die Alte einen Handspiegel herbeigeholt und auf das Bett gelegt. Die Kranke ergriff ihn hastig; aber als sie hineinblickte, malte sich ein heftiges Erschrecken in ihren Zügen; sie nahm ein Tuch und wischte an dem Glase; doch es wurde nicht anders; nur immer fremder starrte das kranke Leidensantlitz ihr entgegen.

»Wer ist das?« schrie sie plötzlich. »Das bin nicht ich! – O mein Gott! Kein Bild, kein Schatten für mein Kind!«

Sie ließ den Spiegel fallen und schlug die mageren Hände vors Gesicht.

Da drang ein Weinen an ihr Ohr. Es war nicht ihr Kind, das ahnungslos in seiner Wiege lag und schlief; Nesi hatte sich unbemerkt hereingeschlichen; sie stand mitten im Zimmer und sah mit düsteren Augen auf die Stiefmutter, während sie schluchzend in ihre Lippe biß.

Ines hatte sie bemerkt. »Du weinst, Nesi?« fragte sie.

Aber das Kind antwortete nicht.

»Warum weinst du, Nesi?« wiederholte sie heftig.

Die Züge des Kindes wurden noch finsterer. »Um meine Mutter!« brach es fast trotzig aus dem kleinen Munde.

Die Kranke stutzte einen Augenblick; dann aber streckte sie die Arme aus dem Bett, und als das Kind, wie unwillkürlich, sich genähert hatte, riß sie es heftig an ihre Brust.

»O Nesi, vergiß deine Mutter nicht!«

Da schlangen zwei kleine Arme sich um ihren Hals, und nur ihr verständlich, hauchte sie: »Meine liebe, süße Mama!«

»Bin ich deine liebe Mama, Nesi?«

Nesi antwortete nicht, sie nickte nur heftig in die Kissen.

»Dann, Nesi«, und in traulich seligem Flüstern sprach es die Kranke, »vergiß auch mich nicht! Oh, ich will nicht gern vergessen werden!« –

Rudolf hatte regungslos diesen Vorgängen zugesehen, die

er nicht zu stören wagte; halb in tödlicher Angst, halb in stillem Jubel; aber die Angst behielt die Oberhand. Ines war in ihre Kissen zurückgesunken; sie sprach nicht mehr; sie schlief – plötzlich.

Nesi, die sich leise von dem Bett entfernt hatte, kniete vor der Wiege ihres Schwesterchens; voll Bewunderung betrachtete sie das winzige Händchen, das sich aus den Kissen aufreckte, und wenn das rote Gesichtlein sich verzog und der kleine unbeholfene Menschenlaut hervorbrach, dann leuchteten ihre Augen vor Entzücken. Rudolf, der still herangetreten war, legte liebkosend die Hand auf ihren Kopf; sie wandte sich um und küßte die andere Hand des Vaters; dann schaute sie wieder auf ihr Schwesterchen. –

Die Stunden rückten weiter. Draußen leuchtete der Mittagsschein, und die Vorhänge an den Fenstern wurden fester zugezogen. Längst schon saß er wieder an dem Bette der geliebten Frau, in dumpfer Erwartung; Gedanken und Bilder kamen und gingen. Schon einmal früher war es so wie jetzt gewesen; ein unheimliches Gefühl befiel ihn; ihm war, als lebe er zum zweitenmal. Er sah wieder den schwarzen Totenbaum aufsteigen und mit den düsteren Zweigen sein ganzes Haus bedecken. Angstvoll sah er nach der Kranken; aber sie schlummerte sanft, in ruhigen Atemzügen hob sich ihre Brust. Unter dem Fenster, in dem blühenden Syringen sang ein kleiner Vogel immerzu; er hörte ihn nicht; er war bemüht, die trügerischen Hoffnungen fortzuscheuchen, die ihn jetzt umspinnen wollten.

Am Nachmittage kam der Arzt; er neigte sich über die Schlafende und nahm ihre Hand, die ein warmer feuchter Hauch bedeckte. Rudolf blickte gespannt in das Antlitz seines Freundes, dessen Züge den Ausdruck der Überraschung annahmen.

»Schone mich nicht!« sagte er. »Laß mich alles wissen!«

Aber der Doktor drückte ihm die Hand.

»Gerettet!« – Das einzige Wort hatte er behalten. Er hörte auf einmal den Gesang des Vogels; das ganze Leben kam zurückgeflutet, »Gerettet!« – Und er hatte auch sie schon verloren gegeben in die große Nacht; er hatte geglaubt, die heftige Erschütterung des Morgens müsse sie verderben, doch:

»Es ward ihr zum Heil;
Es riß sie nach oben!«

In diese Worte des Dichters faßte er all sein Glück zusammen; wie Musik klangen sie fort und fort in seinen Ohren.

Immer noch schlief die Kranke; immer noch saß er wartend an ihrem Bette. Nur die Nachtlampe dämmerte jetzt in dem stillen Zimmer; draußen aus dem Garten kam statt des Vogelsangs nun das Rauschen des Nachtwindes; die jungen Zweige pochten leise an die Fenster.

»Ines!« flüsterte er. »Ines!« Er konnte es nicht lassen, ihren Namen auszusprechen.

Da schlug sie die Augen auf und ließ sie fest und lange auf ihm ruhen, als müsse aus der Tiefe des Schlafes ihre Seele erst zu ihm hinaufgelangen.

»Du, Rudolf?« sagte sie endlich. »Und ich bin noch einmal wieder aufgewacht!«

Er blickte sie an und konnte sich nicht ersättigen an ihrem Anblick. »Ines«, sagte er, sanft demütig klang seine Stimme, »ich sitze hier, und stundenlang schon trage ich das Glück wie eine schwere Last auf meinem Haupte; hilf es ihm tragen, Ines!«

»Rudolf –!« Sie hatte sich mit einer kräftigen Bewegung aufgerichtet.

»Du wirst leben, Ines!«

»Wer hat das gesagt?«

»Dein Arzt, mein Freund; ich weiß, er hat sich nicht getäuscht.«

»Leben!« O mein Gott! Leben! – Für mein Kind, für dich! – Es war, als käme ihr plötzlich eine Erinnerung; sie schlang die Hände um den Hals ihres Mannes und drückte sein Ohr an ihren Mund. »Und für deine – für eure, unsere Nesi!« flüsterte sie. Dann ließ sie seinen Nacken los, und seine beiden Hände ergreifend, sprach sie zu ihm sanft und liebevoll. »Mir ist so leicht!« sagte sie. »Ich weiß gar nicht mehr, warum alles sonst so schwer gewesen ist!« Und ihm zunickend: »Du sollst nur sehen, Rudolf; nun kommt die gute Zeit! Aber –«, und sie hob den Kopf und brachte ihre Augen ganz dicht an die seinen, »ich muß teilhaben an deiner Vergangenheit, dein ganzes Glück mußt du mir erzählen! Und, Rudolf, ihr süßes Bild soll in dem Zimmer hängen, das uns gemeinschaftlich gehört; sie muß dabeisein, wenn du mir erzählst!«

Er sah sie an wie ein Seliger.

»Ja, Ines; sie soll dabei sein!«

Und Nesi! Ich erzähl ihr wieder von ihrer Mutter, was ich von dir gehört habe; was für ihr Alter paßt, Rudolf, nur das –«

Er konnte nur stumm noch nicken.

»Wo ist Nesi?« fragte sie dann. »Ich will ihr noch einen Gutenachtkuß geben!«

»Sie schläft, Ines«, sagte er und strich sanft mit der Hand über ihre Stirn. »Es ist ja Mitternacht!«

»Mitternacht! So mußt auch du nun schlafen! Ich aber – lache mich nicht aus, Rudolf –, mich hungert; ich muß essen! Und dann, nachher, die Wiege vor mein Bett; ganz nahe, Rudolf! Dann schlaf auch ich wieder; ich fühl's; gewiß, du kannst ganz ruhig fortgehen.«

Er blieb noch.

»Ich muß erst eine Freude haben!« sagte er.

»Eine Freude?«

»Ja, Ines, eine ganz neue; ich will dich essen sehen!«

»O du!«

Und als ihm auch das geworden, trug er mit der Wärterin die Wiege vor das Bett.

»Und nun gute Nacht! Mir ist, als sollte ich noch einmal in unseren Hochzeitstag hineinschlafen.«

Sie aber wies glücklich lächelnd auf ihr Kind. –

Und bald war alles still. Aber nicht der schwarze Totenbaum streckte seine Zweige über das Dach des Hauses; aus fernen goldenen Ährenfeldern nickte sanft der rote Mohn des Schlummers. Noch eine reiche Ernte stand bevor.

Und es war wieder Rosenzeit. – Auf dem breiten Steige des großen Gartens hielt ein lustiges Gefährt. Nero war augenscheinlich avanciert; denn nicht vor einem Puppen-, sondern vor einem wirklichen Kinderwagen stand er angeschirrt und hielt geduldig still, als Nesi an seinem mächtigen Kopf jetzt die letzte Schnalle zuzog. Die alte Anne beugte sich zu dem Schirm des Wägelchens und zupfte an den Kissen, in denen das noch namenlose Töchterchen des Hauses mit großen offenen Augen lag; aber schon rief Nesi: »Hü, hott, alter Nero!«, und im würdevollen Schritt setzte die kleine Karawane sich zu ihrer täglichen Spazierfahrt in Bewegung.

Rudolf und mit ihm Ines, die schöner als je an seinem Arme hing, hatten lächelnd zugeschaut; nun gingen sie ihren eigenen Weg; seitwärts schlugen sie sich durch die Büsche entlang der Gartenmauer, und bald standen sie vor der noch immer verschlossenen Pforte. Das Gesträuch hing nicht wie sonst herab; ein Gestelle war untergebaut, so daß man wie durch einen schattigen Laubengang hineingelangte. Einen Augenblick horchten sie auf den vielstimmigen Gesang der Vögel, die drüben in der noch ungestörten Einsamkeit ihr Wesen trieben. Dann aber, von Ines' kleinen kräftigen Händen bezwungen, drehte sich der Schlüssel, und kreischend sprang der Riegel zurück. Drinnen hörten sie die Vögel aufrauschen, und dann war alles still. Um eine Handbreit stand die Pforte offen; aber sie war an der Innenseite von blühendem Geranke überstrickt; Ines wandte alle ihre Kräfte auf, es knisterte und knickte auch dahinter; aber die Pforte blieb gefangen.

»Du mußt!« sagte sie endlich, indem sie lächelnd und erschöpft zu ihrem Mann emporblickte.

Die Männerhand erzwang den vollen Eingang; dann

legte Rudolf das zerrissene Gesträuch sorgsam nach beiden Seiten zurück.

Vor ihnen schimmerte jetzt im hellen Sonnenlicht der Kiesweg; aber leise, als sei es noch in jener Mondnacht, gingen sie zwischen den tiefgrünen Koniferen auf ihm hin, vorbei an den Zentifolien, die mit Hunderten von Rosen aus dem wuchernden Kraut hervorleuchteten, und am Ende des Steiges unter das verfallene Rohrdach, vor welchem jetzt die Klematis den ganzen Gartenstuhl besponnen hatte. Drinnen hatte, wie im vorigen Sommer, die Schwalbe ihr Nest gebaut; furchtlos flog sie über ihnen aus und ein.

Was sie zusammen sprachen? – Auch für Ines war jetzt heiliger Boden hier. – Mitunter schwiegen sie und hörten nur auf das Summen der Insekten, die draußen in den Düften spielten. Vor Jahren hatte Rudolf es schon ebenso gehört; immer war es so gewesen. Die Menschen starben; ob denn diese kleinen Musikanten ewig waren?

»Rudolf, ich habe etwas entdeckt!« begann jetzt Ines wieder. »Nimm einmal den ersten Buchstaben meines Namens und setz ihn an das Ende! Wie heißt er dann?«

»Nesi!« sagte er lächelnd. »Das trifft sich wunderbar.«

»Siehst du!« fuhr sie fort. »So hat die Nesi eigentlich meinen Namen. Ist's nicht billig, daß nun mein Kind den Namen ihrer Mutter erhält. – Marie! – Es klingt so gut und mild; du weißt, es ist nicht einerlei, mit welchem Namen die Kinder sich rufen hören!«

Er schwieg einen Augenblick.

»Laß uns mit diesen Dingen nicht spielen!« sagte er dann und sah ihr grimmig in die Augen. »Nein, Ines; auch mit dem Antlitz meines lieben kleinen Kindes soll mir ihr Bild nicht übermalt werden. Nicht Marie, auch nicht Ines – wie es deine Mutter wünschte – darf das Kind mir heißen! Auch Ines ist für mich nur einmal und niemals wieder auf der Welt.« Und nach einer Weile fügte er hinzu: »Wirst du nun sagen, daß du einen eigensinnigen Mann hast?«

»Nein, Rudolf; nur, daß du Nesis rechter Vater bist!«

»Und du, Ines?«

»Hab nur Geduld; ich werde schon dein rechtes Weib! – Aber –«

»Ist doch noch ein Aber da?«

»Kein böses, Rudolf! Aber – wenn einst die Zeit dahin ist – denn einmal kommt ja doch das Ende –, wenn wir alle dort sind, woran du keinen Glauben hast, aber vielleicht doch eine Hoffnung – wohin sie uns vorangegangen ist; dann« – und sie hob sich zu ihm empor und schlang beide Hände um seinen Nacken – »schüttle mich nicht ab, Rudolf! Versuch es nicht; ich lasse doch nicht von dir!«

Er schloß sie fest in seine Arme und sagte: »Laß uns das Nächste tun; das ist das Beste, was ein Mensch sich selbst und anderen lehren kann.«

»Und das wäre?« fragte sie.

»*Leben*, Ines; so schön und lange, wie wir es vermögen!«

Da hörten sie Kinderstimmen von der Pforte her; kleine, zum Herzen dringende Laute, die noch keine Worte waren, und ein helles »Hü!« und »Hott!« von Nesis kräftiger Stimme. Und unter dem Vorspann des getreuen Nero, behütet von der alten Dienerin, hielt die fröhliche Zukunft des Hauses ihren Einzug in den Garten der Vergangenheit.

Thomas Theodor Heine

Die blaue Blume

Die Firma Pietsch und Lehmann in Leipzig war eine der größten Schmierölfabriken der Welt. Sie gehörte Herrn Kommerzienrat Pietsch, der sich von kleinen Anfängen durch Fleiß und Rücksichtslosigkeit emporgearbeitet hatte. Es war ein musterhafter Betrieb, mit den modernsten Maschinen und vorzüglich organisiert. Ein erheblicher Teil des Reingewinns wurde verwendet, um den Arbeitern nette, kleine Siedlungshäuser zu bauen, unweit der Fabrik, in Reihen, eines wie das andere. Dadurch blieben sie zufrieden und arbeitsfähig.

Der Kommerzienrat selbst besaß ein prächtiges Haus im vornehmsten Villenviertel, mit einem herrlichen Garten, voll der schönsten und seltensten Gewächse. Er hatte nie Zeit gehabt zu heiraten und war allmählich zu alt geworden, um daran zu denken. Nach des Tages Geschäften saß er manchmal auf der Veranda des Hauses, spielte Karten mit seinen Freunden und trank einen guten Tropfen.

An einem schönen Sonntagvormittag hatte er den Bericht seines Gärtners entgegengenommen, dann die Morgenzeitung gelesen und war mit einer Havanna im Mund sanft entschlummert. Er träumte zuerst vom Schmieröltrust, dann von blühenden Pflanzen. Im Traum erblickte er eine wundervolle Blume, wie er sie noch nie gesehen hatte, von einem ganz eigentümlichen hellen Blau und einer sonderbaren Tulpenform. Er erwachte, weil er laut vor sich hin gesagt hatte: »Die muß ich mir anschaffen.« Er holte sich die Kataloge der Pflanzenhandlungen hervor, aber er konnte diese Blume nicht darin finden. Dann ließ er durch einen Diener den Gärtner herbeirufen, beschrieb ihm die Blume genau, ja versuchte sogar, sie ihm aufzuzeichnen. Der kannte sie nicht und wußte nicht zu sagen, wie sie heißt. Den ganzen Tag ging dem Kommerzienrat die blaue Blume nicht aus dem Sinn. In der Nacht schlief er schlecht. Immerfort mußte er an die blaue Blume denken.

Am Montag früh fuhr er nicht, wie sonst immer, in die Fabrik, sondern zu einer Handelsgärtnerei. Er ließ sich dort alle blauen Blumen zeigen, so und so müßte sie aussehen. Nein, so etwas führte man nicht, kannte es gar nicht. Man riet ihm, im botanischen Garten nachzufragen. Auch dort konnte man ihm keine Auskunft geben. Betrübt und enttäuscht fuhr er endlich ins Geschäft. Dort wartete schon der Ölmagnat van Ofterdingen aus Holland auf ihn, um einen Vertrag abzuschließen. Merkwürdig, wie zerstreut Pietsch war! Die Verhandlungen wären sonst viel günstiger verlaufen, und mitten darin fragte er, ob es wohl in Holland diese blaue Blume gebe.

Nach einer fast schlaflosen Nacht fuhr er mit van Ofterdingen im Auto nach Holland. Während der ganzen Fahrt blieb er in dumpfes Sinnen versunken. Offenbar war er mit dem Verlauf der Verhandlungen nicht zufrieden, und van Ofterdingen hielt es für einen besonders feinen Trick, daß Pietsch kein Wort über Ölangelegenheiten sprach. Wenn es einmal gelang, ihn zum Reden zu bringen, sprach er nur von der blauen Blume. Ja, Pietsch war schlau. Aber sonderbar, in Holland angekommen, hatte er es so eilig, den Vertrag zu unterzeichnen, daß er zu allem bereit war.

Was hatte er nur vor, daß er alle Gärtnereien besuchte?

Zwei Wochen hielt er sich in Holland auf und kam zu der Erkenntnis, daß auch dort die blaue Blume nicht zu finden sei. »Vielleicht auf Java«, tröstete man ihn.

Kommerzienrat Pietsch schrieb an seinen Prokuristen um eine größere Geldsumme und bestimmte, was im Geschäft zu geschehen habe. Dann kaufte er sich Tropenkleidung und fuhr mit dem nächsten Dampfer nach Batavia. Es war furchtbar heiß dort, und manchmal dachte er wehmütig an die schönen Abende vor seinem Haus bei Karten und eisgekühltem Moselwein. Aber mit der Tatkraft, die ihn immer ausgezeichnet hatte, ging er seinem Ziele nach.

Da ihm niemand mit Bestimmtheit sagen konnte, wo die blaue Blume zu finden sei, mietete er sich Eingeborene, die ihn in die Urwälder führten. Es war eine wohlausgestattete Expedition. Einmal glaubte er, die blaue Blume durch das dichte Laub der Tropenpflanzen schimmern zu sehen. Er trieb die Boys an, vorwärts zu eilen. Da ertönte Krachen im Gezweig der Büsche, und ein riesiger Tiger stürzte hervor. Er schleppte einen der Träger fort. Der schrie fürchterlich und feuerte Schüsse ab. Pietsch ließ sich durch den Schrecken nicht aufhalten. Als er näher kam, fand er zwar eine prachtvolle Orchidee, aber die blaue Blume war es nicht. Monatelang durchstreifte er das Innere Javas unter unendlichen Mühen, bis er sich überzeugte, daß die blaue Blume dort nicht zu finden sei. Er litt an einer schweren Malaria und lag lange Zeit im Hospital. Als er wieder genesen war, fragte ihn der Arzt, was das für eine Blume sei, von der er in seinen Fieberphantasien immer gesprochen habe. Pietsch gab ihm Auskunft, und der Arzt erzählte ihm, daß gerade so eine Blume auf den Hängen des Himalajagebirges wachse.

Wieder bestellte sich der Kommerzienrat Geld von zu Hause und gab dem Geschäft briefliche Direktiven. Dann fuhr er nach Indien und rüstete eine Himalajaexpedition aus. Sie dauerte fast ein Jahr lang, führte durch wilde, unerforschte Berge bis zu steilen Schneegipfeln, in Schrecknisse und Gefahren. Aber von der blauen Blume erblickte man keine Spur.

Fünfundzwanzig Kilo hatte der Kommerzienrat an Gewicht verloren, seine Gesichtszüge waren faltig und vergrämt geworden. Zudem hatte er durch den Tritt eines wütenden Elefanten für immer einen verkrüppelten, hinkenden Fuß bekommen. Ein Fakir weissagte ihm, er werde in einem tibetanischen Klostergarten die blaue Blume antreffen, und dorthin machte er sich auf den Weg.

Von Zeit zu Zeit ließ er sich Geld aus der Heimat kommen. Sonst hörte man dort wenig von ihm. An seine Fabrikleitung schrieb er immer seltener. Er dachte fast nie mehr an Schmieröl. Wenn er nur erst die blaue Blume gefunden hatte, dann würde er sofort zurückkehren, um alles nachzuholen. Aber auch auf den Hochebenen Tibets fand er nicht, was er suchte. Die Mönche erklärten ihm, nirgends in ganz Asien gebe es diese Blume. Sie sei bestimmt in Brasilien in einigen Exemplaren vorhanden. Es war eine weite Reise von Tibet nach Valparaíso. Pietsch unternahm sie ohne Zögern.

In den Wäldern von Gran Chaco wäre er fast den Kopfjägern zum Opfer gefallen. Unendliche Strapazen mußte er ertragen. Chile und Mexiko durchstreifte er dann noch, immer in der Hoffnung, am nächsten Tage werde er die blaue Blume entdecken.

Amerika war eine Enttäuschung. Er dachte daran, nun Afrika zu durchsuchen. Vielleicht am Kongo –?

Kommerzienrat Pietsch war nun schon ein müder Greis, aber noch hatte er die Hoffnung nicht aufgegeben. Wieder wollte er sich Geld aus Leipzig schicken lassen. Da traf ihn die Nachricht, daß er keines mehr haben könne. Durch seine dauernde Abwesenheit sei die Firma Pietsch und Lehmann insolvent geworden, van Ofterdingen habe sie übernommen, Pietsch besitze kein Guthaben mehr. Mit seinem letzten Geld fuhr er als Zwischendeckpassagier nach Hamburg. Er besaß nicht einen Pfennig, als er von Bord ging, und so beschloß er, zu Fuß nach Leipzig zu wandern, denn frühere Hamburger Geschäftsfreunde, die er aufsuchte, glaubten ihm nicht, daß er der Kommerzienrat Pietsch sei, wiesen ihn ab und drohten mit der Polizei.

Es fiel ihm schwer, mit seinem lahmen Bein zu marschieren. Schwer war es ihm auch, als er zum ersten Male Menschen um eine milde Gabe ansprechen mußte. So bettelte er sich durch und unterschied sich bald in nichts mehr von irgendeinem Landstreicher, der unter Brücken übernachtete und keinen ganzen Fetzen am Leibe hatte. Aber heimlich hielt er immer noch Umschau, ob er die blaue Blume nicht irgendwo sehen würde.

Es war Frühsommer, als er endlich in der Heimat anlangte. Er humpelte hinaus zu der Fabrik, die einmal ihm gehört hatte, und wollte dort eine Unterstützung erbitten. Gerade war Feierabend, und Arbeiter und Angestellte verließen in dichten Scharen das Gebäude, meist junge Leute, er erinnerte sich an keins der Gesichter. Nur ein älterer Mann war dabei, den er sogleich erkannte. Der war ein tüchtiger Vorarbeiter gewesen, und der Kommerzienrat hatte oft mit ihm in Angelegenheiten des Betriebes oder der Arbeiter-Wohlfahrt verhandelt. Er konnte sich nicht enthalten, ihn anzureden. »Guten Abend, Eichhorn, wie geht es Ihnen?« Eichhorn schaute ihn fragend und etwas verächtlich an. »Ich bin Kommerzienrat Pietsch.« Eichhorn traf es wie ein Blitzschlag, war das wirklich Pietsch? Tränen traten ihm in die Augen, er konnte nur sagen: »Sie, Herr Kommerzienrat? So geht es Ihnen jetzt? Bitte kommen Sie mit mir.« Sie gingen zusammen nach den Arbeiterhäusern. In abgerissenen Worten berichtete Pietsch von seinem Leben. »Wollen Sie bei mir bleiben, immer?« fragte Eichhorn. »Die Wohnung ist uns zu groß geworden, seitdem unsere Kinder erwachsen und ausgeflogen sind.« Durch das wohlgepflegte Gärtchen gingen sie auf das saubere Siedlungshaus zu. Da, auf einem der kleinen Beete, erblickte Pietsch etwas, das sein Herz fast zum Zerspringen brachte. »Die blaue Blume!« rief er. »Hier, hier ist sie, die blaue Blume! Endlich!«

Er kniete vor ihr nieder und küßte sie inbrünstig.

Wolfdietrich Schnurre

Die rote Nelke

Sind Se s auch wirklich –?
Ich hab »Rote Nelke« gesacht. Is das hier eine oder nich.
Bloß, sie steht in nem Glas.
Bin aus m Alter raus, Frollein, wo man sich so n Gemüse ins Knopploch steckt.
Ich hab meine hier inne Hand.
Das seh ich.
Darf ich mich setzen?
Bleibt Ihnen ja wohl nischt weiter übrich.
Dann bin ich so frei.
Likör oder n Klaren?
Tee, wenn s Ihnen nichts ausmacht.
Ober –! Glas Tee für die Dame.
Hübsches Lokal.
Geht.
Na ja; also, wie man s nimmt.
Nach m Telefon neulich dacht ich ja, daß Se n bißchen üppiger wärn.
Paar Pfund könnt ich schon noch zulegen, Herr –
Sollten Se tun. Haarfarbe echt?
Nich so ganz.
Hm.
Danke, Herr Ober.
Dreiundvierzich, ham Se gesacht –?
Dreiundvierzicheinhalb.
Hm.
Darf ich meine dazutun?
Sie stelln vielleicht Fragen.
Ihre hat n Drahtring. Hier, sehn Se.

Ja und.
Schlechte Qualität. 'ne Nelkenblüte muß freistehn.
So, musse.
Ja.
Gesund sehn Se ja eigentlich aus.
Bloß als Kind mal die Masern.
Auch nich bei Wetterumschwung Migräne?
Nich doch.
Oder n zu niedrigen Blutdruck?
Ganzen normalen.
Ham Se n letzte Zeit so gemacht.
Gärtnereiangestellte gewesen.
Ah, drum.
Ja.
Hatten Se da was Spezielles?
Freilandarbeiten meist. Winter im Treibhaus.
Bringt n so n Job.
Netto sechshundert.
Könn Se das steigern?
Klar; später im Handel.
Sollten Se hinackern drauf.
Bißchen zu früh noch.
Na, oder Akkord.
Gibt s bloß in n Friedhofsbetrieben.
Was heißt »bloß«.
Ich mein, ganz wie Se wolln.
Ham Se auch immer geklebt?
Hätt jetz ne Rente von knappen dreihundert.
Hoff doch, dynamisch.
Dü-*was?*
Ob se angepaßt is.
Wer.
Die Rente, n Preisen.
Isse; doch, doch.
Na, besser als nischt.
Wenn man weiter keine Ansprüche hat –

Bißchen was auf der Kante sonst noch?
Sparkonto, ja.
Was ham Se n mit vor?
Eignes Geschäft.
Wieviel fehlt n?
Gute zehntausend.
Na, muß ja nich gleich sein.
Nee, nee; ham Se recht.
Ober! Mir noch n Klaren. Was ich gefragt haben wollt.
Immer fragen Se, Herr –
Schon mal verheiratet gewesen?
Direkt verheiratet *nich*.
Was heißt »direkt verheiratet *nich*«?
Daß es unehelich war.
Sie ham n Kind –?!
Gehabt.
Erschrecken Se ein doch nich so.
'tschuldigen Se.
Beim Vater gebliehm?
Ich *bin* nich gläubich.
Nich doch. Richtich.
Richtich is, daß se s hingemacht ham.
Wenn man s Ihnen weggemacht hat, *war* s doch noch gar keins.
's war sechs Monate eins. Da weiß man schon, was man hat.
Weg is weg. Muß man sich abfinden mit.
Irgendwo ham Se recht.
So. Nu mal zu mir.
Vorsicht, Ihr Ärmel –! Da is n Schnapsfleck.
Bringen Se mich nich aus m Konzept.
'tschuldigen Se.
Also. Worauf ich gesteigerten Wert leg: auf s Essen. Auf n *regelmäßiges*, wohlgemerkt.
Ich koch gern.
»Gern« sacht gar nischt. Ob *gut*, is die Frage.
Würd mich schon auf Sie einstelln.

Wichtich is Fleisch. Fleisch gibt Kraft.
Kann man nich anders sagen.
Was ich besonders schätz, das sind Soßen.
Sind auch was Schönes. So ne sähmige weiße zum Beispiel, mit Kapern; für Klopse.
Mit Klopsen könn Se mich jagen.
Na ja, n richtiges Fleischgericht sind se natürlich *nich*.
Wenn ich »Fleisch« sag, mein ich was Saubres: Rind, Hammel, Schwein. Schön, auch mal Fisch. Oder Geflügel.
Und dazu –?
Kartoffeln; doch logisch.
Nich auch mal was andres dazwischen –?
Komm Se mir bloß nich mit Ausländischkeiten! Vielleicht auch noch italjehnisch –!
Nich doch.
Noch einen, Ober.
'n Problem wär dann bloß noch die Zeit.
Wann fang Se n an.
Sieben. Winter um acht.
Und wie lang ham Se Mittach?
'ne Stunde.
Na, kochen Se eben vor und komm mittachs nach Hause.
Wenn ich mich anstreng –
Wie gesacht: Regelmäßichkeit is bei mir alles.
Ich sach immer: Man muß Ordnung ham; der Mensch braucht das. Hab das noch aus m Beruf. Bei uns inne Stadtreinigungsbehörde war Pünktlichkeit erstes Gebot.
Sie wern sicher auch heut noch ganz schön zu tun ham.
Übergenuch. Was mich jung hält, das is die Arbeit.
'n tröstliches Wort. Und man sieht's Ihnen an.
Bei mir finden Se kein Nagel, auf den ich nich selber gekloppt hätt.
Selbst is der Mann. 'n Wahlspruch, den ich schon immer geschätzt hab.
Sogar s Spielzeuch für mein Wellensittich hab ich eigenhändig geschnitzt.

So ne Kunstfertichkeit, die is nich zu bezahln.
In ei'm Punkt allerdings, da bin ich penniebel: mit Wäsche; die muß nu wirklich immer tipptopp sein.
Mir aus m Herzen. Frische Unterwäsche macht n neuen Menschen aus ei'm. Ganz andres Lehmsgefühl.
Verstehn Se sich denn auch auf Bügeln?
Lieblingsbeschäftigung von mir; schon inne Medchenzeit immer gewesen.
Ihre Fähnchen mein ich jetz nich. Ich mein meine Hemden; hier, kucken Se mal –: *So* ne Manschette.
Die blüht Ihn ja direkt aus m Ärmel.
So isses. Und da wird mir keine Wäscherei rangelassen.
Bloß nich –!
Und selbstverständlich von Hand. Na, würd Se da schon unterrichten.
Ich lern gern, Herr –. Könn Se mir glauben.
Na, und was natürlich s Wichtigste ist: die Wohnung.
Schätz, dasse n Schmuckkästchen ham.
Womit Se nich übertreiben.
Wenn s Wirtschaftsgeld reicht, kann so was ne Erfüllung bedeuten.
Da berührn Se n heikles Problem.
Ich mein, ich bring natürlich alles nach Hause. *So* isses nich.
Meine Rente, die geht nämlich teils auffe Lehmsversichrung, teils auf n Bausparvertrach.
Sag ich doch –: Man kann gar nicht früh genuch anfang, sich sein Lehmsahm zu sichern.
Richtich. Und mit m Rest finanzier ich n Haushalt –: für *mich*.
Schmeiß ich meins doch dazu. Dann reicht s für uns beide.
Und für die Wohnung.
Gott, is ja nich viel.
Eben was man so braucht.
Reinigungsmittel.
Staubsaugertüten.

Möbelpolitur.
Hochglanz is der Garant der Gemütlichkeit, sag ich immer.
Meine Möbel sind nämlich aus Nußbaum.
'n Holz, das an s Gemüt greift.
Wenn s richtig gepflecht wird.
Sie sagen s.
Ja, und dann noch mein Schlaf.
Bin s Leiseste, was es nur gibt. Frühmorgens hörn Se mich nich.
Setz ich voraus. Ich mein nachmittags jetz.
Überhaupt kein Problem. Weck Sie zum Kaffee.
Hörn Se mit Kaffee auf. Ich trink n Schluck Mineralwasser früh.
's Beste, was man tun kann für s Herz.
Und abends n Appel und ne Scheibe Knäckebrot dazu.
's Ideale für s Fernsehprogramm.
Fernsehn gibt s nich bei mir. Zahl doch für so n Schwachsinn kein Geld!
Hat den großen Vorteil, man redt mal wieder mit'nander.
Aber nich abends. Da kleb ich meine Briefmarken ein.
Kommt mir ungeheuer entgegen. Kann man endlich mal lesen.
Kenn Se »Rieders Deitschest«? Da könn Se draus lern, was los is. Und das sind Fachleute da.
Sind Se drauf abboniert? Dann steig ich mit ein.
Nee. Aber *Sie* könnten s abbonieren. Wollt s schon immer gern ham. Sie bring mich da auf ne Idee.
Bloß, daß das klar is: Lesen nich mehr nach neun. Da hau ich mich hin.
'ne ehrbare Zeit.
Hoffentlich ham Se n friedlichen Schlaf. Oder träum Se unruhich?
Ich träum kein Piep.
Tja. Dann noch eins.
Bitte, Herr –
Hab mich natürlich auch noch auf *andre* Anzeigen gemeldet.

Is Ihr gutes Recht.
Ich mein –: Wenn da was Günstigeres bei is –
Ach, *wie* hoch war Ihre Rente noch schnell –?
Tausendzwohundertvierundfuffzich. Warum.
Bloß, daß ich ne Vergleichsmöglichkeit hab.
'ne Vergleichsmöglichkeit –?
Na, Sie glauben doch nich, daß Se der einzige warn, der auf meine Annongße geantwortet hat.
Nee –?
Absoluht nich.
Aber wann würden Se n sich dann entscheiden?!
Na, nich ehr, bis ich die Herrn alle durch hab natürlich.
Hm.
Sei denn, *Sie* entscheiden sich gleich.
Lassen Se mich überlegen.
Ich mein, möcht jetzt wirklich nich mit der Türe ins Haus falln.
Nee, nee.
Andrerseits –: Ich brauch einfach jemand. Da nimmt man eben auch ein, der *weniger* Geld hat; wenn er nur weniger *zögert.*
Also, ich glaub, *ich* könnt mich entscheiden.
Dann kann ich s auch.
Denn betrachten Se sich man ab sofort als verlobt.
Bin so frei.
Sie könn jetz Schorsch zu mir sagen.
Ich heiß Hanni.
Ober, zwo Klare –!

Clemens Brentano

Das Märchen von dem Myrtenfräulein

Im sandigen Lande, wo nicht viel Grünes wächst, wohnten einige Meilen von der porzellanenen Hauptstadt, wo der Prinz Wetschwuth residierte, ein Töpfer und seine Frau mitten auf ihrem Tonfeld neben ihrem Töpferofen, beide ohne Kinder, einsam und allein. Das Land war ringsum so flach wie ein See, kein Baum und kein Busch war zu sehen, und es war gar betrübt und langweilig. Täglich beteten die guten Leute zum Himmel, er möge ihnen doch ein Kind bescheren, damit sie eine Unterhaltung hätten, aber der Himmel erhörte ihre Wünsche nicht. Der Töpfer verzierte alle seine Gefäße mit schönen Engelsköpfen, und die Töpferin träumte alle Nacht von grünen Wiesen und anmutigen Gebüschen und Bäumen, bei welchen Kinder spielten; denn wonach das Herz sich sehnt, das hat man immer vor Augen.

Einstens hatte der Töpfer seiner Frau zwei schöne Werke auf ihren Geburtstag verfertigt, eine wunderschöne Wiege von dem weißesten Ton, ganz mit goldenen Engelsköpfen und Rosen verziert, und ein großes Gartengefäß von rotem Ton, rings mit bunten Schmetterlingen und Blumen bemalt. Sie machte sich ein Bettchen in die Wiege und füllte das Gartengefäß mit der besten Erde, die sie selbst stundenweit in ihrer Schürze dazu herbeitrug, und so stellte sie die beiden Geschenke neben ihre Schlafstelle, in beständiger Hoffnung, der Himmel werde ihr ihre Bitte gewähren; und so betete sie auch einst abends von ganzer Seele:

Herr! ich flehe auf den Knieen,
Schenke mir ein liebes Kind,
Fromm will ich es auferziehen:

Ists ein Mägdlein, daß es spinnt
Einen klaren reinen Faden
Und dabei hübsch singt und betet;
Ists ein Sohn durch deine Gnaden,
Daß er kluge Dinge redet
Und ein Mann wird treu von Worten,
Stark von Willen, kühn von Tat,
Der geehrt wird aller Orten,
Wie im Kampfe, so im Rat.
Herr! bereitet ist die Wiege,
Gib, daß mir ein Kind drin liege!
Ach, und sollte es nicht sein,
Gib mir doch nur eine Wonne,
Wärs auch nur ein Bäumelein,
Das ich in der lieben Sonne
Könnte ziehen, könnte pflegen,
Daß ich mich mit meinem Gatten
Einst im selbsterzognen Schatten
Unter ihm ins Grab könnt legen.

So betete die gute Frau unter Tränen und ging zu Bett. In der Nacht war ein schweres Gewitter, es donnerte und blitzte, und einmal fuhr ein heller Glanz durch die Schlafkammer. Am andern Morgen war das schönste Wetter, ein kühler Wind wehte durch das offene Fenster, und die gute Töpferin lag in einem süßen Traum, als sitze sie unter einem schönen Myrtenbaum bei ihrem lieben Manne. Da säuselte das Laub um sie, und sie erwachte, und siehe da! ein frisches junges Myrtenreis lag neben ihr auf dem Kopfkissen und spielte mit seinen zarten im Winde bewegten Blättern um ihre Wangen. Da weckte sie mit großen Freuden ihren Mann und zeigte es ihm, und sie dankten beide Gott auf ihren Knien, daß er ihnen doch etwas Lebendiges geschenkt hatte, das sie könnten grünen und blühen sehen. Sie pflanzten das Myrtenreis mit der größten Sorgfalt in das schöne Gartengefäß, und es war täglich ihr liebstes Geschäft, das junge Stämmchen zu begießen und in die Sonne zu setzen und vor bösem Tau und rauhen Winden zu schützen. Das Myrtenreis wuchs zusehends unter ihren Händen und duftete ihnen Fried und Freude ins Herz.

Da kam einstens der Landesherr, Prinz Wetschwuth, in diese Gegend mit einigen Gelehrten, um neue Porzellanerde zu entdecken; denn es wurden in seiner Hauptstadt Porzellania so viele Häsuer davon gebaut, daß diese Erde in der Nähe der Stadt selten geworden war. Da er in die Wohnung des Töpfers eintrat, ihn um seinen Rat zu fragen, ward er bei dem Anblick des Myrtenbäumchens so durch dessen Schönheit hingerissen, daß er alles andere vergaß und in lauter Verwunderung ausrief: »O wie lieblich, wie reizend ist diese Myrte! Ihr Anblick hat für mein Herz etwas ungemein Erquickendes, ich möchte immer in der Nähe dieses Baumes leben – nein, ich kann ihn nicht entbehren, ich muß ihn besitzen, und müßte ich ihn mit einem Auge erkaufen.« Nach diesem Ausruf fragte er sogleich den Töpfer und seine Frau, was sie für die Myrte verlangten. Diese guten Leute erklärten auf die bescheidenste Weise, daß sie den Baum nicht verkaufen wollten und daß er das Liebste sei, was sie auf Erden hätten. »Ach«, sagte die Töpferin, »ich könnte nicht leben, wenn ich meine Myrte nicht vor mir sähe; ja sie ist mir so lieb und wert, als wäre sie mein Kind, und kein Königreich nähme ich für diese meine Myrte.« Da der Prinz Wetschwuth dies hörte, ward er sehr traurig und begab sich nach seinem Schlosse zurück. Seine Sehnsucht nach der Myrte ward so groß, daß er in eine Krankheit fiel und das ganze Land um ihn bekümmert wurde. Da kamen Abgesandte zu dem Töpfer und seiner Frau und forderten sie auf, die Myrte dem Prinzen zu überlassen, damit er nicht vor Sehnsucht sterben möchte. Nach langen Unterhandlungen sagte die Frau: »Wenn er die Myrte nicht hat, so muß er sterben, und wenn wir die Myrte nicht haben, so muß er uns auch mitnehmen, wir wollen sie ihm überbringen und ihn anflehen, daß er uns als treue Diener in sein Schloß aufnehme, damit wir die geliebte Myrte dann und wann sehen und uns an ihr erfreuen können.« Das waren die Abgesandten zufrieden, sie schickten gleich einen Reiter in die Stadt mit der frohen Nachricht, die Myrte werde ankommen, der Prinz sollte Mut fassen. Nun stellte der Töpfer das Gefäß mit der Myrte auf eine Tragbahre, über welche die Frau ihre schönsten seidenen Tücher gebreitet hatte, und sie trugen beide, nachdem sie ihre Hütte verschlossen hatten, den geliebten Baum nach der Stadt, wohin sie von den Abgesandten begleitet wurden. Von der Stadt kam ihnen der Prinz selbst in einem Wagen entgegen und hatte ein goldenes Gießkännchen in der Hand, womit er die geliebte Myrte begoß, bei deren Anblick er sich sichtbar erholte. Vier weißgekleidete, mit Rosen geschmückte Jungfrauen kamen mit einem rotseidenen Traghimmel, unter welchem die Myrte nach dem Schloß getragen wurde. Kinder streuten Blumen, und alles Volk war froh und warf die Mützen in die Höhe. Nur neun Fräulein in der Stadt waren nicht bei der allgemeinen Freude zugegen, denn sie wünschten, daß die Myrte verdorren möchte, weil der Prinz, ehe er die Myrte gesehen hatte, sie oft besuchte und jede von ihnen gehofft hatte, einst Beherrscherin der Stadt Porzellania zu werden. Seit aber von der Myrte die Rede war, hatte er sich nicht mehr um sie bekümmert; drum waren sie auf den unschuldigen Baum so erbittert, daß sich an diesem Freudentage keine von ihnen erblicken ließ. Der Prinz ließ die Myrte an das Fenster seiner Stube stellen und gab dem Töpfer und seiner Frau eine Wohnung im Schloßgarten, aus deren Fenster sie die Myrte immer erblicken konnten, womit die guten Leute dann auch wohlzufrieden waren.

Der Prinz war bald wieder ganz gesund; er pflegte den Baum mit einer unbeschreiblichen Liebe und Sorgfalt; auch wuchs dieser und breitete sich aus zu aller Freude. Einstens setzte sich der Prinz abends neben dem Baume auf sein Ruhebett. Alles war ruhig im Schloß, und er entschlummerte in tiefen Gedanken. Da nun die Nacht alles bedeckt hatte, hörte er ein wunderbares Säuseln in seinem Baum und erwachte und lauschte; da vernahm er eine leise Bewegung in seiner Stube herum, und ein süßer Duft breitete sich umher. Er war stille, stille und lauschte immerfort; endlich, da es ihm wieder so wunderbar in der Myrte säuselte, begann er zu singen:

Sag, warum dies süße Rauschen,
Meine wunderschöne Myrte!
O mein Baum, für den ich glühe?

Da sang eine liebliche leise Stimme wieder:

Dank will ich für Freundschaft tauschen
Meinem wunderguten Wirte,
Meinem Herrn, für den ich blühe!

Da war der Prinz über die Stimme so entzückt, daß es nicht auszusprechen ist; aber bald ward seine Freude noch viel größer, denn er bemerkte, daß sich jemand auf den Schemel zu seinen Füßen setzte, und da er die Hand danach ausstreckte, ergriff eine zarte Hand die seinige und führte sie an die Lippen eines Mundes, welcher sprach: »Mein teurer Herr und Prinz! Frage nicht, wer ich bin; erlaube mir nur, dann und wann in der Stille der Nacht zu deinen Füßen zu sitzen und dir zu danken für die treue Pflege, welche du mir in der Myrte bewiesen, denn ich bin die Bewohnerin dieser Myrte; aber mein Dank für deine Zuneigung ist so gewachsen, daß er keinen Raum mehr in diesem Baume hatte, und so hat es mir der Himmel vergönnt, in menschlicher Gestalt dir manchmal nahe zu sein.« Der Prinz war entzückt über diese Worte und pries sich unendlich glücklich durch dies Geschenk der Götter. Sie unterhielten sich einige Stunden, und sie sprach so weise und klug, daß er vor Begierde brannte, sie von Angesicht zu Angesicht zu sehen.

Das Myrtenfräulein aber sagte zu ihm: »Laß mich erst ein kleines Lied singen, dann kannst du mich sehen«, und sie sang:

Säusle, liebe Myrte!
Wie still ists in der Welt,
Der Mond, der Sternenhirte
Auf klarem Himmelsfeld,
Treibt schon die Wolkenschafe
Zum Born des Lichtes hin,
Schlaf, mein Freund, o schlafe,
Bis ich wieder bei dir bin.

Dazu säuselte die Myrte, und die Wolken trieben so langsam am Himmel hin, und die Springbrunnen plätscherten so leise im Garten, und der Gesang war so sanft, daß der Prinz einschlief, und als er kaum nickte, erhob sich das Myrtenfräulein leise, leise vom Schemel und begab sich wieder in die Myrte.

Als der Prinz am Morgen erwachte, erblickte er den Schemel leer zu seinen Füßen, und er wußte nicht, ob das Myrtenfräulein wirklich bei ihm gewesen war oder ob er nur geträumt habe; aber da er das Bäumchen ganz mit Blüten übersät sah, die in der Nacht aufgegangen waren, ward er der Erscheinung immer gewisser. Nie ward die Nacht so sehnsüchtig erwartet als von ihm; er setzte sich schon gegen Abend auf sein Ruhebett und harrte. Endlich war die Sonne hinunter, es dämmerte, es ward Nacht. Die Myrte säuselte, und das Myrtenfräulein saß zu seinen Füßen und erzählte ihm so schöne Sachen, daß er nicht genug zuhören konnte, und als er sie wieder bat, Licht anzünden zu dürfen, sang sie ihm wieder ein Liedchen:

Säusle, liebe Myrte!
Und träum im Sternenschein,
Die Turteltaube girrte

Auch ihre Brut schon ein.
Still ziehn die Wolkenschafe
Zum Born des Lichtes hin,
Schlaf, mein Freund, o schlafe,
Bis ich wieder bei dir bin.

Da schlummerte der Prinz wieder ein und erwachte am Morgen wieder mit gleicher Überraschung und erwartete die Nacht wieder mit gleicher Sehnsucht. Aber es ging ihm auch diesmal wie in der ersten und zweiten Nacht, sie sang ihn immer in den Schlaf, wenn er sie zu sehen verlangte. Sieben Nächte ging dies so fort, während welchen sie ihm so vortreffliche Lehren über die Kunst zu regieren gab, daß seine Begierde, sie zu sehen, nur noch größer ward. Er ließ daher am andern Tage an die Decke seiner Stube ein seidenes Netz befestigen, welches er ganz leise niederlassen konnte, und so erwartete er die Nacht. Als das Myrtenfräulein wieder zu seinen Füßen saß und ihm die tiefsinnigsten Lehren über die Pflichten eines guten Fürsten gegeben hatte, wollte sie ihm wieder das Schlaflied singen, aber er sprach zu ihr: »Heute will ich einmal singen«, und sie gab es nach vielen Bitten zu; da sang er folgendes Liedchen:

Hörst du, wie die Brunnen rauschen?
Hörst du, wie die Grille zirpt?
Stille, stille, laß uns lauschen,
Selig, wer in Träumen stirbt;
Selig, wen die Wolken wiegen,
Wem der Mond ein Schlaflied singt!
O! Wie selig kann der fliegen,
Dem der Traum den Flügel schwingt,
Daß an blauer Himmelsdecke
Sterne er wie Blumen pflückt:
Schlafe, träume, flieg, ich wecke
Bald dich auf und bin beglückt.

Und dies Lied wirkte so durch die sanfte Weise, in welcher er es sang, daß das Myrtenfräulein zu den Füßen des Prinzen entschlummerte; da ließ er das Netz nieder über sie und zündete seine Lampe an, und o Himmel! was sah er? Die wunderschönste Jungfrau, welche jemals gelebt, im Antlitz wie der klare Mond so mild und rein, Locken wie Gold um die Stirne spielend und auf dem Haupt ein Myrtenkrönchen; sie hatte ein grünes Gewand an, mit Silber gestickt, und ihre Hände gefaltet wie ein Engelchen. Lange betrachtete er seine Freundin und Lehrerin mit stummem Erstaunen, dann konnte er seine Freude nicht mehr fassen, er brach in lautem Jubel aus und rief: »O Tugend! o Weisheit! wie schön ist deine Gestalt; wer kann leben ohne dich, wenn er dich einmal erblickte.« Dann ergriff er ihre Hand und steckte ihr seinen Siegelring an den Finger und sprach: »Erwache, o meine holdselige Freundin! Nimm meinen Thron und meine Hand und verlasse mich nie wieder.« Da erwachte das Myrtenfräulein, und als es das Licht erblickte, errötete es über und über und blies die Lampe aus. Dann klagte sie, daß er sie gefangen habe, und sagte, daraus wird gewiß Unglück kommen; aber der Prinz bat sie so sehr um Vergebung, bis sie ihm verzieh und versprach, die Fürstin seines Landes zu werden, wenn ihre Eltern es erlaubten, er sollte nur alle Anstalten zur Hochzeit machen und dann ihre Eltern fragen; bis dahin sollte er sie aber nicht wiedersehen. Der Prinz willigte in alles ein und fragte sie, wie er sie rufen solle, wenn er alle Anstalten getroffen habe, und sie sagte: »Befestige eine kleine Silberglocke an die Spitze meines Bäumchens, und sobald du klingelst, werde ich dir erscheinen.« Nun zerriß sie das Netz, der Baum rauschte, und fort war das Myrtenfräulein.

Der Tag war kaum angebrochen, als der Prinz auch schon alle seine Minister und Räte zusammenberief und ihnen bekannt machte, daß er sich nächstens zu vermählen gedenke und daß sie alle Anstalten zu dem prächtigsten Hochzeitsfeste treffen sollten, das jemals im Lande gewesen. Die Räte waren sehr erfreut darüber und fragten ihn untertänigst um den Namen der Braut, damit sie ihren Namenszug bei der Illumination anbringen könnten. Da sagte der Prinz: »Der erste Buchstabe ihres Namens ist M und es sollen beim Feste überall Myrtenzweige hingemalt werden, wo es sich schickt.« Da wollten die Herren ihn schon verlassen, als plötzlich eine Botschaft kam, daß ein wildes Schwein in dem fürstlichen Tiergarten toll geworden wäre und in dem darin befindlichen gläsernen Lusthause alles chinesische Porzellan zertrümmert habe; es sei äußerst nötig, es sogleich zu erlegen, damit es nicht andere Schweine beiße und auch toll mache, welche dann leicht die ganze Stadt Porzellania über den Haufen werfen könnten. Da durfte der Prinz nicht länger zaudern; er befahl seinen Räten, einstweilen die Hochzeit zuzubereiten, und zog mit seinen Jägern hinaus auf die Jagd.

Als der Prinz aus dem Schloß ritt, lagen die neun bösen Fräulein, welche sich nicht mit gefreut hatten, als Myrte so feierlich in die Stadt gebracht wurde, sehr schön geputzt am Fenster in der Hoffnung, der Prinz werde sie bemerken und grüßen; aber vergebens, wenn sie sich gleich so weit herauslegten, daß sie leicht hätten auf die Straße fallen können: der Prinz tat nichts als wenn er sie bemerkte. Hierüber aufgebracht, kamen sie zusammen und faßten den Entschluß, sich zu rächen. Die Geschichte mit dem tollgewordenen wilden Schwein war auch nur von ihnen ausgesprengt, damit der Prinz, der sich gar nicht mehr sehen ließ, über die Straße reiten sollte: Sie hatten das chinesische Porzellan in dem Lusthaus durch ihre Diener zerschlagen lassen. Als sie eben versammelt waren, trat der Vater der Ältesten, der einer der Minister war, herein, und machte den Damen bekannt, sie möchten sich zum Hochzeitsfest des Prinzen vorbereiten; der Prinz werde ein Prinzessin M. heiraten, auch sei von vielen Myrtenverzierungen bei der Illumination die Rede. Kaum waren sie wieder allein, als sie ihrem ganzen Zorn den Lauf ließen; denn sie hatten sich alle neun eingebildet, den porzellanernen Thron zu besteigen. Sie ließen sich einen Maurer kommen, der mußte ihnen einen unterirdischen Gang bis in die Stube des Prinzen machen; denn sie wollten sehen, wen er dort versperrt habe. Als der Gang fertig war, beredeten sie noch ein zehntes junges Fräulein, der sie jedoch ihr Vorhaben verschwiegen, mitzugehen, welche es auch tat, doch nur aus Neugier und nicht aus bösem Willen; sie nahmen sie aber nur mit, um sie dort zurückzulassen, als habe sie alles getan. Hierauf begaben sie sich in einer Nacht mit Laternen versehen durch den Gang in die Stube des Prinzen und suchten alles durch, sehr verwundert, nichts Besonderes darin zu finden, außer der Myrte. An dieser ließen sie nun allen ihren Grimm aus, rissen ihr Zweige und Blätter ab, und als sie auch den Wipfel herunterrissen, klingelte das Glöckchen, und das Myrtenfräulein, welches glaubte, es sei dies das Zeichen zu ihrer Hochzeit, trat plötzlich in dem schönsten Brautkleide aus der Myrte. Anfangs verwunderten sich die bösen Geschöpfe, aber bald waren sie einig, dieses müßte die künftige Fürstin sein, und somit fielen sie über sie her und ermordeten sie auf die unbarmherzigste Weise, indem sie das arme Myrtenfräulein mit ihren Messern in viele kleine Stücke zerhackten; jede nahm sich einen Finger von dem armen Myrtenfräulein mit; nur das zehnte Fräulein hatte nicht mitgeholfen und nur immer gejammert und geweint, wofür sie sie dann einsperrten und nun auf demselben Wege entwichen.

Als der Kammerherr des Prinzen, welchem dieser bei Lebensstrafe befohlen hatte, die Myrte täglich zu begießen und täglich die Stube aufzuräumen, als wenn der Prinz da wäre, zu seiner Verrichtung hereintrat, war sein Entsetzen unbeschreiblich, da er das zerfleischte Myrtenfräulein in dem Blute an der Erde herumliegen und den Myrtenbaum zerknickt und entblättert sah. Er wußte nicht, was dies sein konnte, denn er wußte von dem Myrtenfräulein nichts; da erzählte ihm das junge Fräulein, welches weinend in einer Ecke saß, alles. Sie nahmen unter bitteren Tränen alle Glieder und Knochen der Unglücklichen zusammen und begruben sie unter den zerstörten Myrtenbaum in das Gefäße, so daß alles einen kleinen Grabhügel bildete; sodann wuschen sie den Boden, so rein sie konnten, und begossen den Baum mit dem blutverschmierten Wasser, räumten die Stube auf, schlossen sie zu und flohen in großer Angst miteinander; doch nahm das Fräulein eine Locke der unglücklichen Gemordeten zum Andenken mit.

Unterdessen waren die Vorbereitungen zu der Hochzeit beinahe fertig, und der Prinz, der das wilde Schwein aufgesucht hatte, kehrte nach der Stadt zurück. Sein erster Gang war zu dem guten Töpfer und seiner Frau, welchen er seine Geschichte mit dem Myrtenfräulein erzählte und sie um die Hand ihrer Tochter bat. Die guten Leute waren vor Entzücken fast außer sich, als sie vernahmen, daß in ihrem Myrtenbaum ihnen eine Tochter erwachsen sei, und wußten nun, warum sie denselben so ungemein liebgehabt hatten. Freudig willigten sie in die Bitte des Prinzen ein und begleiteten ihn in das Schloß, um ihre wunderbare Tochter zu sehen. Als sie nun zusammen in das Zimmer traten, wo die Myrte stand, sahen ihre Augen ein trauriges Schauspiel: – am Boden noch viele blutige Spuren, und der geliebte Baum entblättert und verletzt, neben ihm aber ein Grabhügel. Der Prinz rief, der Töpfer rief, die Töpferin rief: »O meine geliebte Braut! O mein teures Kind! Mein einziges liebes Töchterchen! O wo bist du, laß dich sehen vor deinen unglücklichen Eltern!« Aber nichts rührte sich, und ihre Verzweiflung war unbegrenzt. Die drei armen Unglücklichen saßen nun ganze Tage und begossen den Myrtenbaum mit ihren Tränen, und das ganze Land ward bestürzt und traurig.

Unter solchen Schmerzen pflegten und warteten der Prinz und der Töpfer nebst seiner Frau den kranken Myrtenbaum aufs zärtlichste, und er begann wieder Zweige zu treiben, worüber sie sehr erfreut wurden, und er war schon wieder ganz hergestellt, nur fehlten ihm an dem Wipfel einige Blätter und an einem seiner beiden Hauptäste die äußersten fünf Sprossen und an dem andern vier, neben welchen der fünfte zu keimen anfing. Diesen fünften Sproß beobachtete der Prinz alle Tage, und wie entzückt war er nicht, als er eines Morgens diesen Sproß ganz erwachsen und den Ring, den er dem Myrtenfräulein gegeben, an demselben wie an einem Finger befestigt sah. Sein Entzücken war unbeschreiblich; denn er glaubte nun, das Myrtenfräulein müsse noch leben. In der nächsten Nacht saß er mit dem Töpfer und der Töpferin bei dem Baum, und sie flehten die Myrte so zärtlich um ein Lebenszeichen an, daß der Baum endlich zu säuseln begann und folgende Worte sang:

Habt Erbarmen,
An zwei Armen
Fehlen mir neun Fingerlein.
Lieber Prinz! In deinem Reiche
Wachsen jetzt neun Myrtenzweige,
Und sie sind mein Fleisch und Bein.
Habt Erbarmen,
Schafft mir Armen
Wieder die neun Fingerlein.

Der Prinz und die Eltern waren durch dies traurige Lied sehr gerührt, und der Prinz ließ den andern Tag im ganzen Lande bekanntmachen, wer ihm die schönsten Myrtenzweige bringe, den wolle er mit seiner königlichen Hand belohnen. Dieses kam auch zu den Ohren der Mordfräulein, welche die arme Myrte so schrecklich gemartert hatten, und sie waren sehr froh darüber: denn sie hatten die neun Finger des Myrtenfräuleins, jede den ihren, in einen Topf mit Erde vergraben, und es waren kleine Myrtensprossen daraus gewachsen. Sie putzten sich gleich schön an und kamen eine nach der andern mit ihren Myrtenzweigen ins Schloß; denn sie glaubten, die Worte des Prinzen wollten soviel sagen, als wolle er die Überbringerin der schönsten Myrte heiraten.

Der Prinz ließ ihnen die Myrtenzweige abnehmen und versprach ihnen seiner Zeit Antwort sagen zu lassen; sie möchten sich nur zum Feste vorbereiten. Als er nun alle die neun Zweige neben den großen Baum gestellt hatte, sprach die Stimme aus dem Baum:

Willkomm, willkomm, neun Zweigelein!
Willkomm, willkomm, neun Fingerlein!
Willkomm, willkomm, mein Fleisch und Bein!
Willkomm, willkomm, zum Topf herein!

Da begrub der Prinz die neun Zweige und die neun Finger unter die Myrte, welche noch denselben Tag die neun fehlenden Sprossen trieb. Nun aber kam noch das jüngste Fräulein, welches nur die Haarlocke genommen und ihr den Ringfinger gelassen hatte, und warf sich dem Prinzen zu Füßen und sagte: »Herr! Ich habe keine Myrte und habe auch keine haben wollen; aber diese Locke gebe ich in deine Hand und bitte dich um eine Gnade.« Der Prinz versprach sie ihr, und sie erzählte ihm, wie die ganze Mordtat geschehen sei, und bat ihn, er möge seinem entflohenen Kammerherrn verzeihen und sie mit demselben vermählen. Da gab ihr der Prinz einen Gnadenbrief für denselben, und sie lief zu ihm in den Wald, wo er sich in einen hohlen Baum versteckt hatte, in den sie ihm täglich zu essen gebracht. Der Kammerherr erfreute sich sehr über sein Glück und kam mit ihr wieder in die Stadt. Als aber der Prinz die Haarlocke auch vergraben hatte, sprach die Myrte:

Nun bin ich ganz
Im alten Glanz,
Bring mir den Kranz
Und führe mich zum Hochzeitstanz.

Da ließ der Prinz ein großes Fest vor allem Volke im Schloßgarten ansagen; da alles versammelt war, ward die Myrte unter einen Thronhimmel gestellt, und der schönste Blumenkranz, mit Gold durchwunden, ward ihr von dem Töpfer und der Töpferin aufgesetzt, und als dies kaum geschehen war, trat das Myrtenfräulein, wie die schönste Braut geschmückt, aus dem Baum hervor und ward von ihren Eltern, welche sie noch nie gesehen hatte, unter Freudentränen und dann von dem glücklichen Prinzen als seine Braut herzlich umarmt. Da standen die neun Mordfräulein wie auf heißen Kohlen; der Prinz aber sprach: »Was verdient der, welcher diesem Myrtenfräulein etwas zu Leide tut?« Und einer sagte da nach dem andern irgendeine harte Strafe her, und als die Frage an die neun Fräulein kam, sagten sie alle zusammen: »Daß ihn die Erde verschlinge und seine Hand aus der Erde wachse«; und kaum hatten sie es gesagt, als die Erde sie auch verschlang und über ihnen Fünffingerkraut hervorwuchs. Nun wurde die Hochzeit gehalten, und der Kammerherr hielt mit dem jüngsten Fräulein auch Hochzeit. Es schenkte dem Prinzen der Himmel auch bald ein kleines Myrtenprinzchen, das ward in der schönen Wiege des alten Töpfers gewiegt, und das ganze Land war froh und glücklich.

Der Myrtenbaum aber ward bald so stark und groß, daß man ihn ins Freie setzen mußte. Da begehrte die Prinzessin Myrte, daß er neben der ehemaligen Hütte ihrer Eltern gesetzt werde; das geschah auch, und die Hütte ward zu einem schönen Landhaus verändert, und endlich ward aus dem Myrtenbaum ein Myrtenwald, und die Enkel des Töpfers und seiner Frau spielten darin, und die beiden guten Leute wurden dort, wie sie gewünscht hatten, unter dem Myrtenbaum begraben. Der Prinz und das Myrtenfräulein ruhen wohl auch schon dort, wenn sie nicht mehr leben sollten, woran ich fast zweifle; denn es ist schon sehr lange her.

Alfred Polgar

Blumenzauber

Als der Herr nachts in sein Hotelzimmer kam, stand auf dem Tisch ein Blumentopf. Brief war keiner dabei, auch keine Karte. Im Blumentopf wuchsen gelbe Rosen. Offene, sinnliche Blüten mit keuschen Knöspchen ringsum. Es sah aus wie: Rose mit Jungen. Weder das Stubenmädchen noch der Kellner konnten sagen, wer die Kinder und Enkelkinder Floras hergeschickt hätte. Ihre Blütenblätter (petalae) fühlten sich dick und weich an wie Teig und verhauchten starken, süßen Geruch. Das ganze Zimmer war erfüllt von ihm, Seife und Tabak kamen mit ihren bescheidenen Düften dagegen nicht auf, das Handtuch hing schon wie betäubt. Hätten Rosen so was wie einen Hahn, der Herr würde ihn zugedreht haben, damit kein weiteres Rosengas entweiche.

Tags darauf wurden die Blumen von der Person, der sie gehörten, reklamiert. Versehentlich hatte man sie in das unrichtige Zimmer getan. Das ist die Pointe der Geschichte; weil sie so schwach ist, stelle ich sie gleich voran.

Der Herr vermutete natürlich, daß der Topf gar nicht ihm zugedacht wäre, aber damit schwächte er die Wirkung der plötzlichen Blumen auf sein Nervensystem nicht ab. Es wurde ihm gelbrosig zumute, er fühlte seinen Organismus gewissermaßen floreal vergiftet, schwer hing sich der Duft an Gemüt und Glieder, und wenn er auch ahnte, daß, was da eine unhörbare Stimme durch die Blume sprach, nicht zu ihm gesprochen war, so drängte es ihn doch, Antwort zu geben.

Deshalb telefonierte er – indes ihm die Kürze des Lebens schmerzhaft zu Bewußtsein kam, die Absicht, ein guter Mensch zu werden, Feinden zu verzeihen und sich doch den grauen Velourshut zu kaufen, in seiner Seele wuchs, und in ihr überhaupt ein Rieseln und Raunen war wie im sommerlichen Walde – deshalb telefonierte er also, trotz der späten Nachtzeit, an Eveline. Sie fragte, was denn das heiße, zu solcher Stunde anzurufen, und da er antwortete, er habe müssen, unbedingt müssen, *ce serait plus fort que lui*, und er könne nicht zu Bett, ehe er nicht ein Schlückchen ihrer Stimme getrunken, und eine andere sei ihm in der Geschwindigkeit nicht eingefallen (aber das sagte er tonlos ganz beiseite), trübte sich ihr Herz mit Mildem, und sie bekam Sehnsucht nach dem Manne, den sie liebte – das war aber nicht der Herr im Hotel – und mit dem sie heute den schrecklichen Krach gehabt hatte. Noch in derselben Nacht schrieb sie ihm einen guten Brief, aber den fing die Montagfreundin des Mannes ab und nahm hernach zehn Veronalpulver, und nur, weil sie glücklicherweise acht davon statt ins Wasserglas in den Kübel geschüttet hatte, kam sie mit dem Leben davon. Auf dem Nachttisch, neben der fast Ohnmächtigen, lagen immerhin die Hüllen von zehn Pulvern, weshalb die Rettungsgesellschaft gerufen wurde. Ihr Wagen überfuhr einen kleinen Hund, einen süßen Pekinesen, die einzige Freude der Medizinalratswitwe, die infolgedessen . . . kurz, so kam es (oder wird es kommen) neuerdings zum Weltkrieg.

Der Herr im Hotel, durch das Telefonieren etwas beruhigt, stellte seine Schuhe und den Blumentopf vor die Tür. Doch die ätherische Substanz, die der Atem der Rosen in seine Blutbahn getragen hatte, wirkte dort noch lange wie inneres Juckpulver.

Seltsam, dachte er, so ein paar jähe Blumen könnten schicksalbildend sein!

Und nicht, weil es schon zwei Uhr morgens war, sondern nur, weil er kein steifes Hemd mehr hatte, ging er nicht auf den Hausball zu Mayers.

Anderntags bekam er (wunderlicher Zufall) wirklich Blumen und wußte auch von wem. Er schenkte sie gleich dem Stubenmädchen.

»Bekommen der Herr Kopfweh von Blumen?«

»Von diesen nicht«, sagte er, »aber nehmen Sie sie trotzdem.«

Fanny Morweiser

Weißer Fingerhut

In jenem langen heißen Sommer lebte der ganze Landstrich in Angst vor dem geheimnisvollen Mörder, dem es gelungen war, die hohen Mauern der Anstalt, in der man ihn festgehalten hatte, zu überklettern und sich in der weiten Ebene so zu verstecken, daß niemand ihn finden konnte. Das heißt, zwei Menschen hatten ihn gefunden, vielleicht hatte er sie auch gesucht, oder sie waren sich zufällig begegnet; wie es gewesen war, würde sein Geheimnis bleiben. Er vergaß, was er getan hatte, er war Schlächter gewesen, ein Mensch, unter dessen Händen lebendige, warme Tierkörper tot und schlaff niedergesunken waren und der eines Tages keinen Unterschied mehr fand zwischen Haut und Haut, Leben und Leben.

Ein Mädchen war in einem Schuppen auf einem Strohbündel gelegen, mit gespreizten Armen und Beinen, den Kopf weit nach unten gebogen, ausgeblutet wie ein geköpftes Huhn. Das andere Opfer war ein Kind, das am Bachrand im Gehölz gespielt hatte, wo man es dann auch fand, halb im Wasser liegend, umgeben von roten Fäden, die sich in der kaum wahrnehmbaren Strömung bewegten wie Würmer.

Die Menschen waren halb wahnsinnig vor Angst. Die Kinder wurden in den Häusern festgehalten, kaum jemand ging allein weg, die Bauern nahmen ihre Hunde mit auf die Felder, und jedes Rascheln am Wegrand in den Brombeerbüschen, jedes Knacken und Stampfen im Wald, ließ diejenigen, die es hörten, einander die blassen Gesichter zudrehen, mit einem Gedanken: das ist er. Es kam so weit, daß den Gendarmen, die abends müde und staubbedeckt in eine

Wirtschaft kamen, um etwas zu trinken und mit den Leuten zu reden, vor die Füßen gespien wurde.

Es gab Obst auf den Bäumen, und es gab Himbeeren und bereits die ersten Brombeeren im Wald, von denen der Verrückte leben konnte. Es kam vor, daß manchmal irgendwo ein paar Eier fehlten oder ein Kuchen, der zum Abkühlen auf ein Fensterbrett gestellt war. Er wagte sich selten in die Nähe der Häuser, er war dreist und doch vorsichtig. Er wußte, daß er gejagt wurde, und er benahm sich wie ein Tier, das überall Fallen wittert, auch war er unberechenbar, es war nie vorauszusagen, was er als nächstes tun, wohin er sich wenden würde. Er streifte in der Ebene umher, war einmal da und einmal dort. Eines fanden die Gendarmen heraus, niemals entfernte er sich weiter als einen Tagesmarsch von der Anstalt, die er haßte und die ihn doch nicht losließ. Er umkreiste dieses große düstere Haus, das, bei gutem Wetter weithin sichtbar, auf dem einzigen Hügel stand, den es in der Ebene gab, in weiten und wieder enger werdenden Ringen, fast ein Gott, der Menschen sterben ließ, wenn ihm danach zumute war, und doch nicht einmal frei genug, von diesen Mauern loszukommen.

An einem dieser heißen Tage im August stellte eine pensionierte Lehrerin, die am Rande des Dorfes, in dem sie viele Jahre Unterricht gegeben hatte, in einem kleinen Haus ruhig und unauffällig lebte, eine Tüte mit Milch auf die Kellertreppe. Sie ließ die Tür zum Keller offen und ging durch den Garten in die Küche zurück, um weiter Aprikosen zu entkernen, aus denen sie Marmelade kochen wollte. Sie rührte gerade in einem großen, schwarzen Topf Zucker und Früchte durcheinander, als sie ein Geräusch im Garten hörte. Mit dem tropfenden Löffel in der Hand beugte sie sich zum Fenster und konnte noch eine große, dunkle Gestalt in dem dichten Gestrüpp, das sich hinter ihrem Garten den Bahndamm entlangzog, verschwinden sehen. Sie ging zur Kellertreppe, die Milch war fort. Auf der Treppenstufe lag ein Stengel weißer Fingerhut, mit der Wurzel ausgerissen und achtlos hingeworfen, sie nahm ihn hoch und drehte ihn hin und her. Wo gab es hier in der Nähe weißen Fingerhut? Sie trat wieder hinaus in den Garten und blieb einen Moment unter einem Baum stehen, Kochlöffel und Fingerhut in den Händen. Das Sonnenlicht, das durch die Blätter des Apfelbaumes über ihr fiel, tupfte helle Kringel und Flecken auf ihr Kleid, sie starrte auf die umgeknickten Zwiebelstengel und das krause Grün des Endiviensalats vor ihren Füßen und fühlte, wie ihr die Knie schwach wurden. Langsam ging sie in die Küche zurück, schob den Topf auf dem Herd zur Seite und sah auf die Uhr. Es war bald Mittag. Sie stieg hinauf in ihr Schlafzimmer, zog ein anderes Kleid an und puderte sich die Nase. Im Vorbeigehen strich sie über die blaue Decke auf dem Bett, zupfte an den Vorhängen, ging die Stiege wieder hinunter und verließ durch die Küche das Haus.

Sie hatte vor, eine Abkürzung zu nehmen, hinten an den Häusern entlang, und sie konnte nur hoffen, daß man ihr glauben würde. Sie galt als etwas verschroben, man schätzte ihre Freundlichkeit, ihren Ordnungssinn, aber sie gehörte doch nicht dazu. Man brauchte Kinder, um dazuzugehören, einen Mann, auch wenn er manchmal betrunken war oder nichts taugte, sie konnte sich noch soviel Mühe geben, ein Rest von Ablehnung blieb immer.

Ihre Nachbarin, die im Garten war, um Petersilie für die Suppe zu holen, erhob sich mit vom Bücken hochrotem Kopf aus dem Beet.

»Jetzt gehen Sie fort, bei dieser Hitze?«

»Ja.«

»Das ist nicht gut. Wo wollen Sie denn hin, in Ihrem besten Kleid?«

Die Lehrerin straffte die Schultern und knöpfte die Manschette am rechten Ärmel zu.

»Ich . . . ich gehe ins Dorf.«

Sie spürte, daß sie rot wurde. Sie hörte auf, an der Manschette zu nesteln, und hob den Blick.

»Ich habe jemanden in meinem Garten gesehen.«

»Ach . . . ja?«

Die Nachbarin hielt sich das Petersilienbüschel über die Stirn und sah prüfend zu ihr hinüber.

»Sie sehen nicht gut aus, wirklich. Sie sollten lieber zu Hause bleiben.«

»Ja, vielleicht.«

Man würde ihr nicht glauben. An dem leisen Zucken der Mundwinkel erkannte sie, woran die Frau dachte. Vor zwei Jahren hatte sie schon einmal geglaubt, einem Verbrecher auf der Spur zu sein. Gekreische und Stöhnen am Waldrand, hinter den dornigen Hecken, fremde Töne, die sie nicht kannte, aber sie war in dem guten Glauben, daß jemandem hier ein Leid angetan wurde, ins Dorf gelaufen, um Hilfe zu holen. Unvergeßlich war ihr das Gelächter der Leute geblieben, als man das aufgestörte Liebespaar aus dem Gestrüpp gezogen hatte.

Sie kam sich häßlich vor, in ihrem guten schwarzen Kleid, mitten im Gemüse stehend, häßlich und lächerlich.

»Dann gehe ich eben spazieren«, sagte sie entschlossen.

»Das sollten Sie nicht tun, Sie fordern ja den Mörder geradezu heraus.«

»Ach was.«

Sie drehte sich um und ging zur Gartentür, die halb offenstand, gleich danach begannen die Brombeerbüsche, die den Bahndamm hinaufwuchsen.

»Ich werde etwas die Gleise entlanggehen«, rief sie zurück. Sie sah noch, wie sich der freundliche und leicht amüsierte Ausdruck des Gesichtes der Nachbarin in einen ängstlichen und besorgten verwandelte, dann kletterte sie schon den steilen Fußweg zum Damm empor. Droben empfing sie die glühende Hitze des Sommermittags. Sie setzte die Füße auf die Holzschwellen, zwischen denen Blumen und Gras wuchs, denn die Strecke war schon lange stillgelegt, aber bald war ihr das zu anstrengend, und sie machte kleinere Schritte, trat einmal auf den fast überwachsenen

Schotter, einmal auf das verwitterte Holz. Das Dorf lag bald weit hinter ihr, Grillen zirpten, und ein betäubender Duft hing in der Luft, Duft von Heu und Blumen, und wenn sie jung gewesen wäre, so hätte sie sich jetzt vielleicht ins Gras gelegt, mit dem Strohhut auf dem Gesicht, und von einem Mann geträumt, der sich zu ihr hinunterbeugen und ihr mit leiser Stimme ins Ohr flüstern würde, so nah, daß es kitzelte, und etwas wie eine verebbende Welle würde durch ihren Körper laufen und ihn weich und schwer machen. Aber sie war eine alte Lehrerin, eine Jungfer, wie die Kinder sie hinter ihrem Rücken spöttisch nannten, und von einem Mann zu träumen bedeutete für sie dasselbe, als träume ein Hase von einem Tiger.

Sie hatte vergessen, warum sie fortgegangen war, und als sie, schweratmend unter der Hitze, hinter Holunderbüschen fast versteckt das Bahnwärterhäuschen liegen sah, ging sie schneller. Sie hoffte, dort eine Bank im Schatten zu finden, auf der sie sich ausruhen konnte. Sie zwängte sich zwischen zwei Büschen hindurch und ging um eine Hausecke. Wie verwildert hier alles war, sie hob die Füße hoch und setzte sie vorsichtig wieder nieder. Die Brennesseln, zwischen denen das kränkliche Weiß des Fingerhuts leuchtete, wie das von Blumen auf einem Totengebinde, brannten auf der Haut durch die Strümpfe hindurch. Als sie im Schatten war, merkte sie erst, wie das Blut ihr in den Kopf gestiegen war und in den Schläfen pochte. Sie atmete tief und wischte sich mit dem Taschentuch über das Gesicht, nirgends war ein Sitzplatz zu entdecken, außer auf den Steinstufen vor dem Haus. Jetzt erst bemerkte sie, daß die Haustür nur angelehnt war, ein langer dunkler Spalt verhieß Kühle und Dämmerung.

Sie bahnte sich einen Weg durch das Unkraut, stieß die Tür auf und trat ein. Hier war es wirklich kühl und sehr dunkel. Sie wußte, das Häuschen, das normalerweise fest verschlossen war, enthielt noch viele Möbel, denn der alte Bahnwärter war damals kurz nach Stillegung der Strecke gestorben, und niemand hatte die Sachen haben wollen, die in vielen Jahren von dem einsamen Junggesellen verwohnt und abgenützt worden waren.

Sie öffnete eine weitere Tür, tastete sich in dem Dämmerlicht, das durch die geschlossenen Fensterläden in staubige Streifen zerteilt hereinkam, zu einem Stuhl und ließ sich darauf nieder. Wie tat das gut. Dieses Gefühl, der glühenden Hitze draußen entronnen zu sein und sich bequem ausruhen zu können, überwog alles andere. Erst als sich dieses wohltuende Gefühl in eine leichte, angenehme Müdigkeit wandelte, begann sie das Unheimliche dieses verlassenen Hauses zu spüren. Warum, erschrocken hielt sie die Luft an, warum war die Tür nicht verschlossen? Eine Woge von Angst schlug in ihr hoch, und nun hörte sie zum erstenmal bewußt das Geräusch, das sie im Unterbewußtsein schon die ganze Zeit wahrgenommen hatte. Es war ein leises Schlürfen . . . szch . . . und es kam in regelmäßigen Abständen . . . szch . . . szch. Langsam, fast wie gelähmt wandte sie den Kopf und sah in die Ecke, aus der das Geräusch kam. Ihre Augen hatten sich an das Halbdunkel gewöhnt, sie erkannte ein Bett und darauf gelagert eine schwere, massige Gestalt. Es war ein Mann, er lag auf der Seite, den einen Arm hatte er auf das Kopfkissen gestützt. Das Gesicht in den Handteller geschmiegt, mußte er sie schon seit ihrem Eintreten beobachtet haben. Sie bemerkte seine großen, bleichen Augäpfel und ein Röhrchen aus Stroh, das von seinem Mund zu der Milchtüte führte, die neben seinem Arm auf dem Bett stand. Ruhig und starr sah er sie an, während er in gleichmäßigen Abständen die Milch hochzog, ohne daß sein Mund sich bewegte.

Sie fühlte einen Schauer über ihren Rücken laufen und atmete ganz flach, als schliefe sie, oder . . . als wäre sie gar nicht da . . . nein, nicht hier, draußen in der Sonne war sie, mit stürmischen Schritten zwischen den Gleisen dahingehend, zurück zum Dorf.

Sie saß steif auf dem Stuhl und spürte, wie die Angst in

ihr hochkroch und wieder zusammensank. Unzählige Gedanken jagten sich und lösten einander ab, während der Mann nicht aufhörte, seinen unbewegten Blick auf sie zu richten und an seiner Milch zu saugen. Wenn die Milch getrunken war, was dann? Dieser Mann war der Mörder, der gefährliche Irre, der aus einer Anstalt ausgebrochen war, um diesen langen und heißen Sommer auch zu einem blutigen, zu seinem blutigen Sommer zu machen. Warum schreie ich nicht, dachte sie, warum stehe ich nicht auf und renne und schreie, schlage mich an den Möbeln und den Wänden, stürze hinaus, die Treppe hinunter in die Brennesseln. Dort soll er sich auf mich werfen und mich erwürgen. Nein ... er würgte nicht, er schnitt. Er schnitt mit einem Rasiermesser einen sauberen, klaren Schnitt, und in der Kehle öffnete sich ein dunkler, zitternder Spalt, aus dem Blut quoll, Blut, immer mehr Blut ...

Sie wimmerte leise und schlug die Hände vors Gesicht. Das schlürfende Geräusch hatte aufgehört, durch die Finger hindurch blickte sie zu ihm hinüber, er lag noch genau so da wie vorher. Von dem großen, blassen Kopf mit dem schütteren Haarkranz glitt ihr Blick hinunter auf seine rechte Hand, die schlaff über den Bettrand hing. Sie betrachtete die kurzen, schwarzbehaarten Finger und dachte, wer sie wohl finden würde, wer zuerst dem süßen, ekelhaften Geruch nachgehen würde und dem gleichmäßigen Summen der Fliegen.

Vielleicht würde man sie auch nicht finden, wer kam denn schon hierher. Und das, was von ihr übrig war, würde noch in diesem Zimmer sein, wenn draußen schon der Schnee fiel. Weiche und weiße Flocken, die sich auf Haare und Wimpern von Kindern legten, die die Weihnachtskuchen zum Bäcker trugen, große, flache, mit Zimt und Zucker bestreute Kuchen, von denen sie naschten, während über ihren Köpfen sich das Glockengeläute vom Kirchturm mit dem Kreischen der Krähen draußen auf den Feldern zu einer heimlichen Totenklage für die verschwundene Lehrerin verbindet.

Ob irgend jemand ihretwegen traurig sein würde? Sie schloß einen Moment die Augen und fühlte ihre Angst immer kleiner werden. Nein, niemand, niemand würde sie vermissen. Kein Mann, keine Freundin und keines der Kinder, die sie unterrichtet hatte. Was war dieses Leben schon wert, das sie verlieren sollte. Dieses Leben, dessen schönste Augenblicke sich in der kurzen Stunde am Tag erschöpften, wenn sie nachmittags in ihrer sauberen, kleinen Küche Kaffee trank und dabei die Blumen auf der Fensterbank beobachtete, die weißen Wachsdolden und das fleißige Lieschen, dunkelrote Geranien und die altmodischen Levkojen, die sonst keiner mehr hatte.

Sie hatte keine Angst mehr. Dieser Tod, der auf sie zukam, war mehr, als sie jemals hätte erwarten dürfen. Was sagten sie im Dorf immer, wenn sie dachten, sie höre es nicht, die alte Lehrerin liegt eines Morgens tot in ihrem Bett, stocksteif, wie sie immer zur Schule gegangen ist. Aber sie haben sich getäuscht, so wird sie nicht sterben, nein. Sie ist an einem heißen Sommernachmittag die Gleise entlanggegangen zu diesem verlassenen Haus, als folge sie einem Ruf. Sie hat dieses dämmerige Zimmer betreten, als müßte es so sein, und so sitzt sie nun hier und wartet. Sie wartet, und die Bettfedern beginnen zu knarren, der Mann setzt die Beine auf den Boden, und die leere Milchtüte fällt klatschend herunter.

Eine Fliege summt, und sie fragt sich erstaunt, wo diese Fliege herkommt und woher sie weiß . . . Der Mann stiert sie immer noch an, seine Hand tastet auf dem Bett umher. Sie hört ihn atmen, und sie riecht ihn jetzt auch, er riecht wie ein Tier, scharf und nach Schweiß. Nun ist sie es, die starr ist, unbewegt und ganz ruhig. Er hat das Messer in der Hand, das er endlich gefunden hat, und er stöhnt leise. Tiefes Mitleid mit ihm erfaßt sie, und als er ganz nah vor ihr steht und sich über sie beugt, öffnet sie die Lippen und legt den Kopf zurück.

Arthur Schnitzler

Blumen

Da bin ich nun den ganzen Nachmittag in den Straßen herumspaziert, auf die stiller weißer Schnee langsam herunterschwebte – und bin nun zu Hause, und die Lampe brennt, und die Zigarre ist angezündet, und die Bücher liegen da, und alles ist bereit, daß ich mich so recht behaglich fühlen könnte ... Aber es ist ganz vergeblich, und ich muß immer nur an dasselbe denken.

War sie nicht längst für mich gestorben? ... Ja, tot, oder gar, wie ich mit dem kindischen Pathos der Betrogenen dachte, »schlimmer als tot?« ... Und nun, seit ich weiß, daß sie nicht »schlimmer als tot« ist, nein, einfach tot, so wie die vielen anderen, die draußen liegen, tief unter der Erde, immer, immer, wenn der Frühling da ist und wenn der schwüle Sommer kommt, und wenn der Schnee fällt wie heute ... so ohne jede Hoffnung des Wiederkommens – seither weiß ich, daß sie auch für mich um keinen Augenblick früher gestorben ist als für die anderen Menschen. Schmerz? – Nein. Es ist ja doch nur der allgemeine Schauer, der uns faßt, wenn etwas ins Grab sinkt, das uns einmal gehört hat und dessen Wesen uns noch immer ganz deutlich vor Augen steht, mit dem Leuchten des Blickes und mit dem Klang der Stimme.

Es war ja gewiß sehr traurig, als ich damals ihren Betrug entdeckte ... aber was war da noch alles dabei! ... Die Wut und der plötzliche Haß und der Ekel vor dem Dasein und – ach ja, gewiß! – die gekränkte Eitelkeit; – ich bin ja erst nach und nach auf den Schmerz gekommen! Und dann war ein Trost da, der zur Wohltat wurde: daß sie selbst leiden mußte. – Ich habe sie noch alle, jeden Augenblick kann ich sie wieder lesen, die Dutzende Briefe, die um Verzeihung flehten, schluchzten, jammerten! – – Und ich sehe sie selbst noch vor mir, in dem dunkeln, englischen Kleide, mit dem kleinen Strohhut, wie sie an der Ecke der Straße stand, in der Abenddämmerung, wenn ich aus dem Haustor trat, . . . und mir nachschaute . . . Und auch an jenes letzte Wiedersehen denk ich noch, wie sie vor mir stand mit den großen, staunenden Augen in dem runden Kindergesicht, das nun so blaß und verhärmt war . . . Ich habe ihr nicht die Hand gegeben, als sie ging; – als sie zum letzten Male ging. – Und vom Fenster aus hab ich sie noch bis zur Straßenecke gehen sehen, und da ist sie verschwunden – – – für immer. Jetzt kann sie nicht wiederkommen . . .

Daß ich es überhaupt weiß, ist ein Zufall. Es hätte auch noch Wochen, Monate dauern können. Ich begegnete vormittags ihrem Onkel, den ich wohl ein Jahr lang nicht gesehen hatte und der sich nur selten in Wien aufhält. Nur ein paarmal hatte ich ihn früher gesprochen. Zuerst, vor drei Jahren, an einem »Kegelabend«, zu welchem auch sie mit ihrer Mutter hingekommen war. – Und dann im Sommer drauf: da war ich mit ein paar Freunden im Prater, in der »Csarda«. Und an dem Tisch neben uns saß der Onkel mit zwei oder drei Herren, sehr gemütlich, beinahe fidel, und trank mir zu. Und bevor er den Garten verließ, blieb er noch bei mir stehen, und wie ein großes Geheimnis teilte er mir mit, daß seine Nichte für mich schwärme! – Und mir kam das so im Halbdusel eigentümlich und lustig und beinahe abenteuerlich vor, daß der alte Mann mir das hier erzählte, unter den Klängen des Cymbals und der hellen Geigen – mir, der ich das so gut wußte und dem noch der Duft ihres letzten Kusses auf den Lippen lag . . . Und nun, heute vormittag! Fast wär ich an ihm vorbeigegangen. Ich fragte ihn nach seiner Nichte, mehr aus Höflichkeit als aus Interesse . . . Ich wußte ja nichts mehr von ihr; auch die Briefe waren schon längst nicht mehr gekommen; nur Blumen schickte sie regelmäßig. Erinnerungen an einen unserer seligsten Tage; einmal jeden Monat kamen sie; kein Wort dazu, schweigende, demütige Blumen ... Und wie ich den Alten fragte, war er ganz erstaunt. Sie wissen nicht, daß das arme Kind vor einer Woche gestorben ist? Ich erschrak heftig. – Er erzählte mir dann noch mehr. Daß sie lange gekränkelt habe, daß sie aber kaum acht Tage zu Bett gelegen sei ... Und was ihr gefehlt habe? ... »Gemütskrankheit ... Blutarmut ... Die Ärzte wissen ja nie was Rechtes.« –

Ich bin noch lange auf der Stelle stehengeblieben, wo mich der alte Mann verlassen hatte – ich war abgespannt, als lägen große Mühen hinter mir. – Und jetzt ist mir, als müßte ich den heutigen Tag als einen betrachten, der einen Abschnitt meines Lebens bedeutete. Warum? – Warum? Mir ist nur etwas Äußerliches begegnet. Ich habe nichts mehr für sie empfunden, ich habe kaum noch ihrer gedacht. Und daß ich alles dies niederschrieb, hat mir wohlgetan: Ich bin ruhiger geworden ... Ich beginne die Behaglichkeit meines Heims zu empfinden. – Es ist überflüssig und selbstquälerisch, weiter darüber zu denken ... Es wird schon irgendwen geben, der tieferen Grund hat, heute zu trauern, als ich.

Ich habe einen Spaziergang gemacht. Heiterer Wintertag. Der Himmel so blaß, so kalt, so weit ... Und ich bin sehr ruhig. Der alte Mann, den ich gestern traf ... mir ist, als wenn es vor vielen Wochen gewesen wäre. – Und wenn ich an sie denke, kann ich sie mir in eigentümlich scharfen, fertigen Umrissen vorstellen; und nur eins fehlt: der Zorn, der sich noch bis in die letzte Zeit meiner Erinnerung beigesellte. Eine wirkliche Vorstellung davon, daß sie nicht mehr auf der Welt ist, daß sie in einem Sarg liegt, daß man sie begraben hat, habe ich eigentlich nicht ... Es ist gar kein Weh in mir. Die Welt kam mir heute stiller vor. Ich habe in irgendeinem Augenblick gewußt, daß es überhaupt weder Freuden noch Schmerzen gibt – nein, es gibt nur Grimassen der Lust und der Trauer; wir lachen und weinen und laden unsere Seele dazu ein. Ich könnte mich nun hinsetzen und sehr tiefe, ernste Bücher lesen und dränge bald in all Ihre Weisheit ein. Oder ich könnte vor alte Bilder treten, die mir früher nichts gesagt, und jetzt ginge mir ihre dunkle Schönheit auf ... Und wenn ich mancher lieben Menschen denke, die mir gestorben sind, so krampft sich das Herz nicht wie sonst – der Tod ist etwas Freundliches geworden; er geht unter uns herum und will uns nichts Böses tun.

Schnee, hoher, weißer Schnee auf allen Straßen. Da ist das kleine Gretel zu mir gekommen und hat gefunden, wir müssen endlich einmal eine Schlittenpartie machen. Und da waren wir nun auf dem Land und sind auf glatten, hellen Wegen mit Schellengeklingel hingesaust, den blaßgrauen Himmel über uns, rasch, rasch dahin, zwischen weißen, glänzenden Hügeln. Und Gretel lehnte mir an der Schulter; sah mit vergnügten Augen auf die lange Straße vor uns. Wir kamen in ein Wirtshaus, das wir gut vom Sommer her kannten, aus der Zeit, da es mitten im Grünen lag, und das nun so verändert aussah, so einsam, so ohne Zusammenhang mit der übrigen Welt, als müßte man's erst von neuem entdecken. Und der geheizte Ofen in der Wirtsstube glühte, daß wir den Tisch weit wegrücken mußten; weil die linke Wange und das Ohr der kleinen Gretel ganz rot geworden war. Da mußt ich ihr die blassere Wange küssen. Dann die Rückfahrt schon im halben Dunkel. Wie sich Gretel ganz nahe an mich schmiegte und meine beiden Hände in die ihren nahm. – Dann sagte sie: Heut hab ich dich endlich wieder. Sie hatte so ohne alles Grübeln das rechte Wort gefunden, was mich ganz froh machte. Vielleicht auch hat die herbe Schneeluft auf dem Lande meine Sinne wieder freier gemacht, denn freier und leichter fühle ich mich als alle die letzten Tage. –

Neulich wieder einmal, während ich nachmittags auf dem Diwan im Halbschlummer lag, beschlich mich ein sonderbarer Gedanke. Ich kam mir kalt und hart vor. Wie einer, der ohne Tränen, ja ohne jede Fähigkeit des Fühlens an einem Grabe steht, in das man ein geliebtes Wesen gesenkt hat. Wie einer, der so hart geworden ist, daß ihn nicht einmal die Schauer eines jungen Todes versöhnen ... Ja, unversöhnlich, das war es ...

Vorbei, ganz vorbei. Das Leben, das Vergnügen und das bißchen Liebe jagt all das dumme Zeug davon. Ich bin wieder mehr unter Menschen. Ich habe sie gern, sie sind harmlos, sie plaudern von allen möglichen heiteren Dingen. Und Gretel ist ein liebes, zärtliches Geschöpf, und am schönsten ist sie, wenn sie so bei mir in der Fensternische steht, nachmittags, und auf ihrem blonden Kopf die Sonnenstrahlen glitzern.

Etwas Seltsames ist heute geschehen ... Es ist der Tag, an welchem sie mir allmonatlich die Blumen schickte ... Und die Blumen sind wieder gekommen, als ... als hätte sich nichts verändert. – Sie kamen frühmorgens mit der Post in einem weißen, langen, schmalen Karton. Es war noch ganz früh; noch lag mir der Schlaf über Stirn und Augen. Und erst wie ich daran war, den Karton zu öffnen, kam mir die volle Besinnung ... Da bin ich beinahe erschrocken ... Und da lagen, zierlich durch einen Goldfaden zusammengehalten, Nelken und Veilchen ... Wie in einem Sarge lagen sie da. Und wie ich die Blumen in die Hand nahm, ging mir ein Schauer durchs Herz. – Ich weiß, wieso sie auch heute noch gekommen sind. Als sie ihre Krankheit nahen, als sie vielleicht schon eine Ahnung des nahen Todes fühlte, hat sie noch den gewohnten Auftrag in der Blumenhandlung gegeben. Ich sollte ihre Zärtlichkeit nicht vermissen. – Gewiß, so ist die Sendung zu erklären; als etwas völlig Natürliches, als etwas Rührendes vielleicht ... Und doch, wie ich sie in der Hand hielt, diese Blumen, und wie sie zu zittern und sich zu neigen schienen, da mußt ich sie wider alle Vernunft und allen Willen als etwas Gespenstisches empfinden, als kämen sie von ihr, als wär es ihr Gruß ... als wollte sie noch immer, auch jetzt noch, als Tote, von ihrer Liebe, von ihrer – verspäteten Treue erzählen. – Ach, wir verstehen den Tod nicht, nie verstehen wir ihn; und jedes Wesen ist in Wahrheit erst dann tot, wenn auch alle die gestorben sind, die es gekannt haben ... Ich habe die Blumen heute auch anders in die Hand genommen als sonst, zarter, als könnte man ihnen ein Leids antun, wenn man sie zu hart anfaßte ... als könnten ihre stillen Seelen leise zu wimmern anfangen. Und wie sie jetzt vor mir auf dem Schreibtisch stehen, in einem schlanken, mattgrünen Glas, da ist mir, als neigten sich die Blüten zu traurigem Dank. Das ganze Weh einer nutzlosen Sehnsucht duftet mir aus ihnen entgegen, und ich glaube, daß sie mir etwas erzählen könnten, wenn wir die Sprache alles Lebendigen und nicht nur die alles – Redenden verständen.

Ich will mich nicht beirren lassen. Es sind Blumen, weiter nichts. Es sind Grüße aus dem Jenseits ... Es ist kein Rufen, nein, kein Rufen aus dem Grabe. – Blumen sind es, und irgendeine Verkäuferin in einem Blumengeschäft hat sie ganz mechanisch zusammengebunden, ein bißchen Watte drum getan, in die weiße Schachtel gelegt und dann auf die Post gegeben. – Und nun sind sie eben da, warum denk ich drüber nach? –

Ich bin viel im Freien, mache weite, einsame Spaziergänge. Wenn ich unter Menschen bin, fühle ich keinen rechten Zusammenhang mit ihnen; die Fäden alle reißen ab. Das merk ich auch, wenn das liebe, blonde Mädel in meinem Zimmer sitzt und mir da alles Mögliche vorplaudert von ... ja, ich weiß gar nicht wovon. Denn wie sie wieder fort ist, da ist sie gleich, im ersten Augenblick schon, so fern, als wäre sie weit weg, als nähme die Flut der Menschen sie gleich auf immer mit, als wäre sie spurlos verschwunden. Wenn sie nicht wiederkäme, könnte ich mich kaum wundern.

Die Blumen stehen in dem schlanken, grün schimmernden Glas, ihre Stengel ragen ins Wasser, und das Zimmer duftet davon. Sie duften noch immer – obwohl sie schon eine Woche in meinem Zimmer sind und langsam zu welken beginnen. – Und ich begreife allen möglichen Unsinn, den ich belacht habe, ich begreife das Zwiesprachpflegen mit Gegenständen der Natur ... ich begreife, daß man auf Antwort warten kann, wenn man mit Wolken und Quellen spricht; denn auch ich starre ja diese Blumen an und warte, daß sie anfangen zu reden ... Ach nein, ich weiß ja, daß sie immer reden ... auch jetzt ... daß sie immerfort reden und klagen und daß ich nahe daran bin, sie zu verstehen.

Wie froh bin ich, daß nun der starre Winter zu Ende geht. Schon schwimmt ein Ahnen des nahen Frühlings in der Luft. Die Zeit geht ganz eigen hin. Ich lebe nicht anders als sonst, und doch ist mir manchmal, als wären die Umrisse meines Daseins weniger fest gezeichnet. Schon das Gestern verschwimmt, und alles, was ein paar Tage zurückliegt, bekommt den Charakter eines unklaren Traumes. Immer von neuem, wenn Gretel mich verläßt, und insbesondere wenn ich sie mehrere Tage nicht sehe, da ist mir, als wäre das eine Geschichte, die längst, längst vorbei ist. Sie kommt immer von so weit, so weit! – Wenn sie dann zu plaudern anfängt, ist's freilich bald wieder beim alten, und ich habe ein deutliches Empfinden der Gegenwart und des Daseins. Und fast sind die Worte dann zu laut und die Farben zu grell; und wie das liebe Kind, kaum daß sie mich verläßt, in eine unsägliche Ferne entrückt ist, so jäh und glühend ist ihre Nähe. Sonst blieb mir doch noch ein Nachklang und ein Nachbild zurück von tönenden und lichten Augenblicken; jetzt aber verhallt und verlischt alles, plötzlich, wie in einer dumpfen Grotte. – Und dann bin ich allein mit meinen Blumen. Sie sind schon welk, ganz welk. Sie haben keinen Duft mehr. Gretel hatte sie bisher nicht beachtet; heute das erstemal weilte ihr Blick lange auf ihnen, und mir war, als wollte sie mich fragen. Und plötzlich schien sie eine geheime Scheu davon abzuhalten – sie sprach überhaupt kein Wort mehr, nahm bald Abschied von mir und ging.

Sie blättern langsam ab. Ich rühre sie nie an; auch würden sie zwischen den Fingern zu Staub werden. Es tut mir unsäglich weh, daß sie welk sind. Warum ich nicht die Kraft habe, dem blöden Spuk ein Ende zu machen, weiß ich nicht. Sie machen mich krank, diese toten Blumen. Ich kann es zuweilen nicht aushalten, ich stürze davon. Und mitten auf der Straße packt es mich dann, und ich muß zurück, muß nach ihnen sehen. Und da find ich sie dann in demselben grünen Glas, wie ich sie verlassen, müd und traurig. Gestern abend hab ich vor ihnen geweint, wie man auf einem Grabe weint, und habe gar nicht an die gedacht, von der sie eigentlich kommen. – Vielleicht irre ich mich! Aber mir ist, als fühlte auch Gretel die Anwesenheit von irgend etwas Seltsamem in meinem Zimmer. Sie lacht nicht mehr, wenn sie bei mir ist. Sie spricht nicht so laut, nicht mit dieser frischen, lebhaften Stimme, die ich gewohnt war. Ich empfange sie freilich nicht mehr wie früher. Auch quält mich eine stete Angst, daß sie mich doch einmal fragen könnte; und ich weiß, daß mir jede Frage unerträglich wäre. Oft nimmt sie ihre Handarbeit mit zu mir, und wenn ich noch über den Büchern bin, sitzt sie still am Tisch, häkelt oder stickt, wartet geduldig, bis ich die Bücher weglege und aufstehe und zu ihr trete, ihr die Arbeit aus der Hand zu nehmen. Dann entferne ich den grünen Schirm von der Lampe, bei der sie gesessen, und durchs ganze Zimmer fließt das freundliche, milde Licht. Ich habe es nicht gern, wenn die Ecken im Dunkeln sind.

Frühling! – Weit offen steht mein Fenster. Am späten Abend hab ich mit Gretel auf die dunkle Straße hinausgeschaut. Die Luft um uns war weich und warm. Und wie ich zur Straßenecke hinsah, wo die Laterne ist, die ein schwaches Licht verbreitet, stand plötzlich ein Schatten dort. Ich sah ihn und sah ihn nicht ... Ich weiß, daß ich ihn nicht sah ... Ich schloß die Augen. Und durch die geschlossenen Lider konnte ich plötzlich sehen, und da stand das elende Geschöpf, im schwachen Licht der Laterne, und ich sah das Gesicht unheimlich deutlich, als wenn es von einer gelben Sonne beleuchtet würde, und sah in dem verhärmten, blassen Gesicht die großen, verwunderten Augen ... Da ging ich langsam vom Fenster weg und setzte mich zum Schreibtisch; auf dem flackerte das Kerzenlicht im Windhauch, der von draußen kam. Und ich blieb regungslos sitzen; denn ich wußte, daß das arme Geschöpf an der Straßenecke stand und wartete; und wenn ich gewagt hätte, die toten Blumen anzufassen, so hätt ich sie aus dem Glas genommen und sie ihr gebracht ... So dacht ich, dacht es ganz fest, und wußte zugleich, daß es unsinnig war. Gretel verließ nun auch das Fenster und blieb einen Augenblick hinter meinem Sessel stehen und berührte mit ihren Lippen mein Haar. Dann ging sie, ließ mich allein ... Ich starrte die Blumen an. Es sind gar keine mehr, es sind fast nur mehr nackte Stengel, dürr und erbärmlich ... Sie machen mich krank und rasend. – Und es muß wohl zu begreifen sein; sonst hätte Gretel mich doch einmal gefragt; aber sie fühlt es ja auch – sie flieht zuweilen, als wenn Gespenster in meinem Zimmer wären. –

Gespenster! – Sie sind, sie sind! – Tote Dinge spielen das Leben. Und wenn welkende Blumen nach Moder riechen, so ist es nur Erinnerung an die Zeit, wo sie blühten und dufteten. Und Gestorbene kommen wieder, solang wir sie nicht vergessen. – Was hilft's, daß sie nicht mehr sprechen kann – ich kann sie ja noch hören! Sie erscheint nicht mehr, aber ich kann sie noch sehen! – Und der Frühling draußen und die Sonne, die hell über meinen Teppich fließt, und der Hauch von frischem Flieder, der vom nahen Parke hereinkommt, und die Menschen, die unten vorbeigehen und die mich nichts kümmern, gerade das ist das Lebendige? Ich kann die Vorhänge herablassen, und die Sonne ist tot. Ich will von all diesen Menschen nichts mehr wissen, und sie sind tot. Ich schließe das Fenster, kein Fliederduft mehr weht um mich, und der Frühling ist tot. Ich bin mächtiger als die Sonne und die Menschen und der Frühling. Aber mächtiger als ich ist die Erinnerung, die kommt, wann sie will, und vor der es kein Fliehen gibt. Und diese dürren Stengel im Glas sind mächtiger als aller Fliederduft und Frühling.

Über diesen Blättern bin ich gesessen, als Gretel hereintrat. Noch nie war sie so früh am Tag gekommen; selten vor Eintritt der Dämmerung. Ich war erstaunt, fast betroffen. Ein paar Sekunden blieb sie in der Tür stehen; und ich schaute sie an, ohne sie zu begrüßen. Da lächelte sie und trat näher. Sie trug einen Strauß frischer Blumen in der Hand. Dann ist sie, ohne ein Wort zu reden, bis zu meinem Schreibtisch gekommen und hat die Blumen vor mich hingelegt. Und in der nächsten Sekunde greift sie nach den verwelkten im grünen Glas. Mir war, als griffe man mir ins Herz – aber ich konnte nichts sagen ... Und wie ich aufstehen will, das Mädel beim Arm packen, schaut sie mich lachend an. Und hält den Arm mit den welken Blumen hoch, eilt hinter dem Schreibtisch zum Fenster und wirft sie einfach hinunter auf die Straße. Mir ist, als müßt ich ihnen nach; aber da steht das Mädel, an die Brüstung gelehnt, das Gesicht mir zugewandt. Und über ihren blonden Kopf fließt die Sonne, die warme, die lebendige ... Und reicher Fliederduft kommt von drüben. Und ich sehe auf das leere grüne Glas, das auf dem Schreibtisch steht; ich weiß nicht, wie mir ist; freier, glaub ich – viel freier als früher. Da kommt Gretel herzu, nimmt ihren kleinen Strauß und hält ihn mir vors Gesicht; kühlen weißen Flieder ... Ein so gesunder frischer Duft – so weich, so kühl; ich wollte mein Gesicht ganz darin vergraben. – Lachende, weiße, küssende Blumen – und ich fühlte, daß der Spuk vorbei war. – Gretel stand hinter mir und fuhr mir mit ihren wilden Händen ins Haar. Du lieber Narr, sagte sie. – Wußte sie, was sie getan? . . . Ich nahm ihre Hände und küßte sie. – Und abends sind wir ins Freie hinaus, in den Frühling. Eben bin ich mit ihr zurückgekommen. Die Kerze habe ich angezündet; wir sind viel gegangen, und Gretel ist so müde geworden, daß sie auf dem Lehnstuhl neben dem Ofen eingeschlummert ist. Sie ist sehr schön, wie sie da im Schlummer lächelt.

Vor mir im schlanken grünen Glas steht der Flieder. – Unten auf der Straße – nein, nein, sie liegen längst nicht mehr da unten. Schon hat sie der Wind mit dem andern Staub verweht.

Karel Čapek

Die blaue Chrysantheme

Ich will Ihnen gern erzählen«, sagte der Alte, »wie diese Chrysantheme zu ihrem Namen gekommen ist. Ich habe seinerzeit den Fürst-Lichtenbergschen Park in Lubenz angelegt – der alte Fürst wußte schon Bescheid! Ganze Bäume ließ er sich von Veitsch aus England schicken, allein an Zwiebeln hatte er aus Holland siebzehntausend Stück bezogen. Doch das nur nebenbei. Eines Sonntags gehe ich in Lubenz durch die Straßen, und dabei begegne ich der Klara, einem taubstummen verrückten Weib im Dorf; wo immer sie ging, kreischte sie vor Wonne – wissen Sie vielleicht, warum die Verrückten immer so selig sind? Ich weiche ihr aus, damit sie mich nicht küßt. Da merke ich, daß sie einen Blumenstrauß in den Händen hält, es war Dill und ähnliches Feldkraut, aber dazwischen, Herr – ich habe schon allerhand gesehen, doch damals hätte mich fast der Schlag gerührt: die Verrückte trug in ihrem Strauß die Blüte einer Pomponchrysantheme, die *blau* war, Herr! Blau! Etwa so blau wie Phlox Laphami, bläulich angehaucht, mit atlasrosa Rändern, innen herrlich gefüllt wie die Campanula turbinata, aber das alles ist noch nichts: Herr, diese Farbe war damals und ist auch heute noch bei der perennierenden indischen Chrysantheme gänzlich unbekannt! Ich war vor Jahren beim alten Veitsch gewesen; Sir James hatte mir gegenüber geprahlt, daß bei ihnen im Vorjahr ein Chrysanthemum, aus China importiert, zartlila geblüht habe, im Winter jedoch eingegangen sei. Und hier hält diese kreischende Alte ein Chrysanthemum in ihren Händen, in einem Blau, von dem man nur träumen kann. Köstlich was?

Also diese Klara jauchzte vor Freude und streckte mir den

Strauß entgegen. Ich schenkte ihr ein Kronenstück und wies auf das Chrysanthemum: ›Klara, wo hast du das her?‹ Klara schwatzte und kicherte, sonst bekam ich nichts aus ihr heraus. Ich schrie sie an, gestikulierte mit den Händen, es half alles nichts, sie wollte mich um jeden Preis umarmen. Ich eilte nun mit der kostbaren Chrysantheme zum Fürsten: ›Hoheit, das wächst hier irgendwo in der Umgebung, wir brauchen nur zu suchen!‹ Der Alte ließ daraufhin sofort anspannen und befahl, Klara mitzunehmen. Klara war jedoch inzwischen verschwunden und unauffindbar. Wir standen beim Wagen und schimpften eine Stunde lang – der Fürst war nämlich früher bei den Dragonern gewesen! Wir waren mit dem Geschimpfe noch nicht fertig, da kam Klara mit heraushängender Zunge angerannt und drängte mir einen ganzen Strauß frisch gepflückter Chrysanthemen auf. Der Fürst gab ihr eine Hundertkronennote, aber Klara begann vor Enttäuschung zu weinen, die Arme hatte noch nie zuvor einen Hunderter gesehen. Ich mußte ihr eine Krone geben, um sie zu beruhigen. Sie fing an zu hüpfen und zu schreien, wir setzten sie kurzerhand auf den Kutschbock, zeigten auf die blauen Chrysanthemen, und nun, Klara, führe uns!

Klara kreischte vor Freude auf dem Kutschbock. Sie können sich gar nicht vorstellen, wie Seine Hochwohlgeboren, der Kutscher, verärgert war, daß er neben ihr sitzen mußte. Sogar die Pferde scheuten jeden Augenblick bei dem Gequietsche und Gekrächze, nun, es war eine verteufelte Fahrt. Als wir eineinhalb Stunden unterwegs waren, sagte ich zum Fürsten, wir hätten bereits vierzehn Kilometer zurückgelegt.

›Einerlei‹, brummte die Durchlaucht, ›meinetwegen hundert.‹

›Na, auch gut‹, entgegnete ich, ›aber die Klara war mit dem Strauß in einer Stunde zurück. Die Stelle kann also nicht weiter als drei Kilometer von Lubenz entfernt sein.‹

›Klara‹, schrie der Fürst und wies auf die blauen

Chrysanthemen, ›wo wächst das? Wo hast du das gefunden?‹

Klara krähte vor Vergnügen und zeigte immerfort geradeaus. Sie war offenbar glücklich, in einem Wagen zu fahren; Sie dürfen mir glauben, ich dachte nicht anders, als der Fürst erschlägt sie; großer Gott, konnte der wütend werden! Von den Pferden tropfte der Schaum. Klara schnatterte, der Fürst fluchte, der Kutscher vergoß fast Tränen vor Wut – nur ich überlegte, wie man die blauen Chrysanthemen aufspüren könne. ›Durchlaucht‹, sagte ich, ›auf die Weise geht es nicht. Wir müssen ohne Klara weitersuchen. Wir zeichnen mit einem Zirkel auf der Landkarte einen Umkreis von drei Kilometern, teilen das Ganze in Abschnitte ein und suchen Haus für Haus ab.‹

›Mensch‹, antwortete der Fürst, ›drei Kilometer von Lubenz gibt es doch keinen Park!‹

›Das ist schon wahr‹, entgegnete ich. ›Aber in einem Park würden Sie auch nichts finden, höchstens Ageratum oder Canna. Da, schauen Sie her, hier unten am Stengel ist ein wenig Erde; kein Humus, sondern lehmige Erde, möglicherweise noch mit menschlichem Dingsda gedüngt. Wir müssen einen Ort ausfindig machen, wo es viele Tauben gibt; die Blätter sind nämlich voll Taubenmist. Höchstwahrscheinlich wächst es bei einem Zaun aus ungehobelten Latten, denn hier am Blattende ist ein winziger Splitter von einer Fichtenrinde. So, das wäre ein Anhaltspunkt.‹

›Was wäre es?‹ fragte der Fürst.

›Ich meine ein Anhaltspunkt: Wir müßten im Umkreis von drei Kilometern jedes Bauernhaus absuchen; dazu teilen wir uns in vier Gruppen: Sie, ich, Ihr Gärtner und mein Gehilfe Wenzel‹, sagte ich.

Dabei war es am anderen Morgen das erste, daß mir Klara wieder einen Strauß blauer Chrysanthemen brachte. Daraufhin durchforschte ich meinen Abschnitt, trank in jedem Gasthaus lauwarmes abgestandenes Bier, aß Quargeln und horchte die Leute nach blauen Chrysanthemen aus. Herr, erinnern Sie mich nicht an den Durchfall, den ich nach den Quargeln bekam, dazu war eine Wärme wie des öfteren gegen Ende September. Ich kroch in jedes kleinste Anwesen, mußte mir allerhand Grobheiten sagen lassen, denn die Leute nahmen an, ich sei entweder ein Verrückter, ein Spitzel oder einer von der Behörde. Aber eines stand am Abend fest: In meinem Abschnitt wuchs keine blaue Chrysantheme; in den anderen Abschnitten wurde auch nichts gefunden. Nur Klara brachte erneut einen Strauß blauer Chrysanthemen.

Sie können sich vorstellen, wie mächtig, alles in allem genommen, so ein Fürst ist; er ließ Gendarmen rufen, reichte jedem eine blaue Chrysantheme und versprach ihnen wer weiß was, wenn sie herausfänden, wo sie gedeihe. Gendarmen, mein Herr, sind gebildete Menschen, sie lesen Zeitungen und anderes, außerdem kennen sie jeden Stein und haben gewaltigen Einfluß. Und nun stellen Sie sich vor, daß sechs Gendarmen, der Polizist, die Gemeindevorsteher, die Schuljugend mit ihren Lehrkräften und eine Zigeunerbande die Gegend im Umkreis von drei Kilometern durchkämmten, alles abpflückten, was irgendwo blühte, und es ins Schloß trugen. Weiß Gott, dort sah es wie zu Fronleichnam aus; aber eine blaue Chrysantheme war nicht dabei. Die Klara ließen wir tagsüber bewachen; in der Nacht floh sie, und nach Mitternacht brachte sie mir einen Arm voll blauer Chrysanthemen. Wir ließen sie sofort in den Gemeindekarzer sperren, damit sie uns nicht alles wegpflückte; doch damit waren wir am Ende. Wahrhaftig, es blieb wie verhext, stellen Sie sich nur vor, eine Gegend wie ein Handteller . . .

Ich meine, der Mensch hat ein Recht, grob zu sein, wenn er sich in großer Not befindet oder einen Mißerfolg hat, das kenne ich; aber als mir der Fürst in seinem Zorn sagte, ich sei genauso ein Idiot wie die Klara, da antwortete ich nur, daß ich mich von so einem Trottel nicht beleidigen ließe, und ging schnurstracks zur Bahn; und seitdem bin ich nie wieder in Lubenz gewesen. Als ich schon im Wagen saß und der Zug losfuhr, begann ich zu heulen wie ein kleiner Junge, weil ich nie mehr eine blaue Chrysantheme zu Gesicht bekommen würde und sie nun für immer aufgegeben hatte. Wie ich so nachdenklich zum Fenster hinausblickte, sehe ich unmittelbar an der Strecke etwas Blaues leuchten. Herr Čapek, es war stärker als ich: Es warf mich vom Sitz, ich zog an der Notbremse – mir war das gar nicht bewußt geworden. Der Zug hielt ruckartig an, und ich flog auf den Sitz gegenüber – dabei hab ich mir diesen Finger gebrochen. Als der Schaffner gelaufen kam, stotterte ich, daß ich irgend etwas in Lubenz vergessen hätte, und mußte gehörig Strafe zahlen. Herr, ich habe wie ein Rohrspatz geschimpft! Dann bin ich die Strecke zurückgehinkt, zu dem Blauen. Du Trottel, sagte ich zu mir, vielleicht ist es nur eine Herbstaster oder sonst ein blaues Unkraut, und du wirfst dafür so unnütz viel Geld hinaus! Ich schritt an die fünfhundert Meter und dachte, das Blaue schien doch gar nicht so weit zu sein und ich hätte es übersehen, als ich auf einer kleinen Anhöhe ein Bahnwärterhäuschen gewahrte, wo das Blaue über den Gartenzaun ragte. Es waren zwei Stauden blauer Chrysanthemen.

Herr, jedes Kind weiß, was diese Bahnwärter in ihren kleinen Gärten züchten. Außer Wirsingkohl und Melonen sind es zumeist Sonnenblumen, ein paar Rosen, Malven, Tropaeolum und die eine oder andere Georgine; dieser Kerl da hatte nicht einmal das, sondern nur Kartoffeln und Bohnen, einen schwarzen Holunder und in der Ecke zwei blaue Chrysanthemen.

›Menschenskind‹, rief ich ihm über den Zaun zu, ›wo haben Sie denn diese blauen Blumen her?‹

›Die blauen‹, meinte der Bahnwärter, ›ja, die sind noch vom selilgen Čermák, der mein Vorgänger war. Aber die Strecke entlang darf man nicht gehen, mein Herr. Dort steht die Tafel: Das Betreten der Bahnstrecke ist untersagt! – Was suchen Sie eigentlich hier?‹

›Guter Mann, wollen Sie mir nicht sagen, wie man zu Ihnen gelangt?‹

›Die Strecke entlang, aber hier hat niemand Zutritt‹, entgegnete der Wärter. ›Was wollen Sie da? Schauen Sie, daß Sie verschwinden, Sie verdammter Kerl, die Strecke dürfen Sie mit keinem Fuß betreten!‹

›Aber wohin soll ich denn verschwinden?‹

›Das ist mir gleichgültig‹, brüllte der Bahnwärter, ›aber keinesfalls die Strecke entlang, und damit basta!‹

Ich setzte mich also an den Wiesenrain und sagte: ›Hören Sie, mein Alter, verkaufen sie mir die blauen Blumen.‹

›Nichts verkaufe ich‹, knurrte der Wärter, ›und verschwinden Sie, hier ist das Sitzen verboten.‹

›Warum‹, fragte ich, ›es steht doch auf keiner Tafel, daß man hier nicht sitzen darf. Es ist nur verboten, hier zu gehen, und ich gehe doch nicht.‹

Der Bahnwärter stutzte und beschränkte sich darauf, mich über den Gartenzaun hinweg zu beschimpfen. Er war wohl ein Sonderling; nach einer gewissen Zeit hörte er damit auf und führte Selbstgespräche. Und etwa eine halbe Stunde danach kam er heraus, um die Strecke zu begehen.

›Also was ist los‹, sagte er und pflanzte sich vor mir auf, ›verschwinden Sie von hier oder nicht?‹

›Ich kann doch nicht‹, antwortete ich, ›an der Strecke gehen ist verboten, und sonst führt kein anderer Weg von hier fort.‹

Der Bahnwärter überlegte eine Weile. ›Na, wissen Sie was‹, meinte er dann, ›wenn ich zu der Böschung hin einbiege, verschwinden Sie die Strecke entlang, ich werde nichts sehen.‹

Ich dankte ihm herzlich, und als er nach der Böschung einbog, stieg ich über den Gartenzaun und grub mit seinem Spaten die beiden blauen Chrysanthemen aus. Ich habe sie gestohlen, Herr. Ich bin eine ehrliche Haut und habe in meinem ganzen Leben nur siebenmal gestohlen; immer waren es Blumen.

Eine Stunde danach saß ich im Zug und brachte die entwendeten blauen Chrysanthemen nach Hause. Als ich an jenem Bahnwärterhaus vorbeifuhr, stand der Wärter mit seinem Fähnlein vor der Tür und machte ein Gesicht wie der Leibhaftige. Ich winkte ihm mit dem Hute zu, doch ich nehme an, daß er mich nicht erkannt hat.

Sehen Sie, mein Herr, weil da eine Tafel mit der Aufschrift stand ›Verbotener Weg‹, war es keinem eingefallen, weder uns noch den Gendarmen, weder den Zigeunern noch den Kindern, dort die blauen Chrysanthemen zu suchen. Herr, so eine Wirkung übt eine Warnungstafel aus. Es ist also möglich, daß bei einem Bahnwärterhäuschen blaue Himmelschlüssel wachsen oder der Baum der Erkenntnis oder goldenes Farnkraut, doch kein Mensch wird sie ausfindig machen, denn es ist ja verboten, die Strecke entlangzugehen, und damit basta! Nur die verrückte Klara war hingekommen, weil sie ein Idiot ist und nicht lesen kann.

Und deshalb habe ich die blaue Pomponchrysantheme auf den Namen Klara getauft. Schon fünzehn Jahre experimentiere ich mit ihr herum, aber wahrscheinlich habe ich sie durch guten Boden und Feuchtigkeit verweichlicht – der Grobian von einem Bahnwärter hat sie niemals begossen, und dort hatte sie Lehmboden, so zäh wie Zinn, kurzum, im Frühjahr sprießt sie, im Sommer bekommt sie Mehltau, und im August geht sie mir ein. Nun stellen Sie sich vor, ich allein auf der ganzen Welt besitze die blaue Chrysantheme und kann doch nicht mit ihr vor die Öffentlichkeit treten. Ja, Bretagne und Anastasia, die leuchten nur ganz wenig lila; aber die Klara, Herr, wenn mir die Klara einmal blühen sollte, würde die ganze Welt von ihr reden.«

Georg Britting

Das Fliederbäumchen

Es war schon den ganzen Tag sommerlich heiß gewesen, drückend wie im Juli. Die Schwalben schossen auf der Jagd dicht über dem Fluß hin und her, warfen sich hoch und wendeten schnell dann, jäh niederfallend, daß ihre blauen Brüste blitzten. Die Mücken hatten sich unbändig frech gezeigt, und das Strafgericht, das mit den gierigen Raubzügen der Schwalben über sie hereinbrach, gönnte ihnen jeder, und wer etwas vom Wetter verstand, und alle, die am Fluß wohnten, verstanden etwas vom Wetter, die hatten schon am Vormittag ein Gewitter vorausgesagt, das nun am späten Nachmittag sich auch entladen sollte.

Rasch und erschreckend war es finster geworden. Überm Fluß drüben begann es. Schwarz zog's herauf hinterm Dreifaltigkeitsberg, daß die kleine, weiße Wallfahrtskirche, die droben stand, auf einmal fahl glänzte wie Totenbein. Und ein Wind kam, der fuhr in alle Bäume und wühlte im jungen Laub und wendete alle Blätter, daß ihre helle Unterseite schamlos hersah. Die Fische sprangen aus dem Wasser und schnappten nach Mücken, die hatten Feinde nun oben und unten, und vielleicht sprangen die Geschuppten vor Lust so hoch, daß man ihre silbergekrümmten, tropfenden Leiber sah, oder auch sie sprangen vor Angst, weil die allgemeine Bangigkeit sie erfaßt hatte, mit der die Schwüle jedem das Herz bedrückte.

Und die Dunkelheit nahm immer noch zu. Von seinem Fenster aus sah Ludwig zur Linken den Fluß, der grün sonst war, aber jetzt grau war wie geschmolzenes Blei, und sah die Ziegeldächer der Stadt vor sich liegen, und die Häuser duckten sich, schien ihm, und die Büsche in den kleinen

Vorgärten waren, vom Wind gepeitscht, in wilder Bewegung. Klappernd schloß die Magd im Nebenhaus die Fenster, und ihr rotes Kopftuch leuchtete mohnfeurig in dem Schwarzblau, das die Luft fast körperlich füllte. Als jetzt ein großer, verästelter Blitz aufzuckte und sein schwefliges Licht in Wellen zitternd über den Himmel lief, schlug die Magd erschrocken das Kreuz und verschwand im Innern des Hauses, auf der Flucht vor dem Donner, der sie dort nur gedämpft erreichen konnte.

Dann brach endlich der Regen los, mit voller Gewalt auf einmal, in silbernen Bächen niederstürzend, herabbrausend gleich Wasserfällen, deren Weg man hoch hinauf sehen kann, der Donner schallte darein, und auf dem Fluß, wenn Ludwig jetzt hinsah, waren die Schwalben verschwunden, aber er war bedeckt über und über mit kleinen, weißen, unermüdlich steigenden Wassersäulen.

Das währte so, mit Tosen und Strudeln und Donnerschlägen, und Ludwig blieb am offenen Fenster, und die Kühle hauchte in sein Zimmer, und mancher Blitz erhellte es, und verwehte Tropfen netzten sein Gesicht. Drüben der Berghang, als das Gewitter nachließ, erhielt das erste Licht, dunstig schimmerte ein Viereck zarten, blassen Glanzes her, da kam schon wieder die Sonne hin, schon fiel ein heller Streifen auch auf den Fluß, und als Ludwig zum Himmel aufsah, wirbelten droben die Wolken in kreisender Bewegung und zogen nach Süden ab.

Es litt ihn nicht mehr im Zimmer, er nahm den Hut und ging. Es hatte aufgehört zu regnen, das Straßenpflaster glänzte, Wasserpfützen hatten sich angesammelt und spiegelten das Blau des Himmels, das war von so funkelnder Art, daß es den Blick blendete. In den Anlagen knirschte der nasse, bräunliche Kies unter seinen Füßen, das Gras war von einem metallischen Grün, als wäre Gold dareingemischt, Tropfen hingen an den Zweigen der Sträucher, glänzend in silbernen Schnüren, und eine Amsel, mit nassem Gefieder, hackte unter einem verkrüppelten Holunderbusch auf einen roten Regenwurm los, der sich zu seinem Verderben aus dem feuchten Grund emporgewühlt hatte.

Vor dem Tor der Michaelskirche stand, wie im Mai allabendlich zu dieser Stunde, eine kleine Gruppe von Leuten, die zu spät gekommen waren, oder von solchen, die gern und mit Willen unter den Büschen, die hier wuchsen, der Maiandacht beiwohnten und denen es genügte, durch das offene Tor die Kerzen flimmern zu sehen und die Gebete und Gesänge zu hören, auch mitzubeten und mitzusingen, wie sie es halten wollten. Ludwig gesellte sich zu der Gruppe, wie er es gestern und vorgestern getan hatte, und mit einem raschen Blick hatte er erspäht, daß auch die schöne Fremde im grünen Kleid wieder da war.

Es wurde ihm eng um die Brust, und das Blut schoß ihm verräterisch ins Gesicht, und obwohl sie, die das bewirkt hatte, vor ihm stand und also nicht merken konnte, wie ihm geworden war, hielt er es für geboten, gleichgültig und unaufmerksam zu tun, gelangweilt zum Himmel aufzusehen, der in reiner Bläue jetzt ganz und gar wieder strahlte, kein Wölkchen trübte sie mehr, und es trieb ihn, die kleinen Häuser auf der anderen Seite des Michaelsplatzes angestrengt zu betrachten, als habe er sie mit den niedrigen Türen und den grüngestrichenen Läden und den Blumenkästen vor den Fenstern zum erstenmal vor den Augen. Jetzt rumpelte ein schweres Brauereifuhrwerk um die Ecke, mit zwei mächtigen Schimmeln bespannt, und er freute sich über die Schimmel, denn die bedeuteten Glück, und das Räderknarren mischte sich in die frommen Klänge, die aus der Kirche drangen.

Der Fliederbusch, unter dem Ludwig stand, ein Fliederbäumchen war es, denn es breitete seine Krone über einen einzigen schmalen Stamm, trug nicht sehr viele, aber große und üppige Blütentrauben, die noch feucht waren von dem Gewitterregen, der sie erquickt hatte. Die jungen Mädchen, die sich eingefunden hatten, große Schleifen im Haar und in hellen Kleidern, und die jungen Männer, die gingen gern zur Maiandacht, weil das eine willkommene Begründung gab, abends noch einmal das Haus zu verlassen, statt hinter den Schulaufgaben sitzen zu bleiben; und dem frommen Wunsch, die Andacht zu besuchen, konnten sich auch die strengsten Eltern nicht leicht verschließen. Die fröhliche Gesellschaft benahm sich zuweilen nicht recht so, wie es der Ort und die Stunde erforderten, und manchmal kicherte eins der Mädchen mit hochrotem Kopf, weil der Ritter, der hinter ihm stand, es wie unbeabsichtigt angestoßen hatte, oder zweie begannen ein kurzes Schwatzen, und dann zischten die gesetzten älteren Leute, die es mit dem Beten ernst nahmen, und sahen sich unwillig und verwarnend um, zur Ordnung und frommen Sammlung mahnend.

Eben trat neben Ludwig ein weißbärtiger, alter Mann, der bekreuzigte sich auf die einfältigste Weise, die aus der Übung gekommen ist, wie es fast nur die Kinder noch tun, er zeichnete sich langsam und sorgfältig und mit schwerem Finger ein kleines Kreuz auf die Stirn, auf den Mund, auf die Brust, und dann sprach er ein kurzes Gebet, unhörbar zwar, aber seine Lippen bewegten sich, und sein langer, weißer Bart bewegte sich mit. Dann ging er wieder weiter, der es wie ein Wanderer gemacht hatte, der auf seinem Weg eine Quelle rauschen hörte, herzutrat, einen stärkenden Trunk nahm und seinem Ziele wieder zustrebte, während in seinem Rücken die Quelle unermüdlich weitersprudelt.

Von der Fremden im hellgrünen Kleid sah Ludwig nur den Nacken und den bräunlichen Haaransatz und das dunkelgrüne Hütchen. Sie stand in gesammelter Haltung, sah nicht ein einziges Mal sich um und schien aufmerksam in die Kirche hineinzulauschen. »Du elfenbeinerner Turm!« klang es heraus, und »Bitt für uns!« antwortete es schallend. »Du Morgenstern!« sprach drinnen der Priester, und »Bitt für uns!« fielen die Betenden rauschend ein. Und weiter ging es mit den süßen und fremdartigen üppigen Anrufungen, und auf dem Altar drinnen stand, Ludwig hatte es oft gesehen, von Kerzen umfunkelt, wie in einer Goldwolke, die blumengeschmückte Maienkönigin Maria, die Gottesmutter, und blickte mit frommem Lächeln auf die Flehenden hinab. Nun schwang sich ein Lied auf, ein Orgelschwall tönte darein, das war das Zeichen, daß die Andacht zu Ende ging. Schon bröckelten vom Rand der Gruppe die ersten ab, die es eilig hatten, wegzukommen, die jungen Mädchen mit heißen Gesichtern, und die Schüler setzten ihre bunten Mützen auf, feurigen Auges.

Als sie an ihm vorbeiging, sah die schöne, grüngewandete Fremde mit einem gelassenen Blick Ludwig an, und ob ein kleines Lächeln dabei ihre Mundwinkel hob, dessen war er nicht sicher, und er folgte ihr, wie er ihr schon an den letzten Abenden gefolgt war, und sie tat, als merke sie es nicht. Sie hatte nicht weit zu gehen, dann war sie daheim. Sie öffnete die niedere Eisenpforte, durchschritt eilig den schmalen, gepflasterten Gang des Vorgärtchens und verschwand im Haus, ohne daß sie sich noch einmal umgeblickt hätte. Daß sie hier zu Besuch war, bei Verwandten, in der Wohnung zur ebenen Erde, hatte Ludwig schon ausgekundschaftet, und das Fenster, das offenstand, war das Fenster ihres Zimmers, und er glaubte auch jetzt zu sehen, daß im verschwimmenden Dämmer des Hintergrundes eine Gestalt sich bewegte, die der ihren glich.

Aber bald rührte sich nichts mehr in der Stube, und nach kurzem Zögern, und einem letzten, langen Blick auf das kleine Haus, ging Ludwig durch den warmen Maiabend heim. Auf dem Tisch hatte ihm seine Zimmerwirtin das kalte Abendessen bereitgestellt, das er rasch verzehrte. Ein paar Schulhefte lagen auf dem Pult, die französische Hausaufgabe war noch zu machen, seufzend dachte er daran. Aber der Abend war ja noch lang, tröstete er sich, das hat noch Zeit, redete er sich ein, und weil er keinerlei Lust verspürte, sich jetzt und sofort mit den fremden Worten herumzuschlagen, und weil der Anblick der Hefte ihn ärgerte, trat er zum Fenster, lehnte sich mit den Armen breit aufs

Fensterbrett und sah in den Abend hinaus. Drüben überm Berg war der Mond aufgegangen, der im Zunehmen war und in einigen Tagen seine volle Größe erreicht haben würde. Der Fluß blitzte unruhig herauf, und ein leiser Windhauch rührte sich in den Bäumen.

Ludwigs Gedanken waren schon längst wieder bei der schönen Unbekannten. Sie saß jetzt wohl am Tisch, und überm Tisch brannte die Lampe und warf einen runden, gelben, warmen Schein auf die Tischplatte. Er ertappte sich dabei, daß er den runden traulichen Schein von einer altväterischen Petroleumlampe kommen ließ, obwohl er doch wußte, daß längst in allen Häusern der Stadt das elektrische Licht eingerichtet war. Aber er verharrte trotzig bei der Vorstellung der Hängelampe. Vielleicht las sie in einem Buch, träumte er weiter, vielleicht machte sie Handarbeiten, über einen runden Rahmen gebückt, wie er oft so seine Schwester gesehen hatte.

Drüben, jenseits des Flusses, bellte ein Hund, und ein anderer gab ihm Antwort, zweimal, dreimal, und verstummten dann beide. Der Mond schien in das Zimmer jetzt, so hoch war er gestiegen, daß er das vermochte. Ludwig drehte das Licht ab, und nun füllte ein gelber, zauberhafter Schein den Raum. Die schöne Unbekannte! dachte er, und jetzt, im Mondschein traute er es sich einzugestehen, daß er sie liebe. »Ich liebe sie«, sprach er vor sich hin, und seine Lippen bebten, als er diese Worte sagte, »ja, ich liebe sie«, sprach er noch einmal, und eine Wallung von Stolz und Zärtlichkeit hob ihm die Brust.

Ich liebe sie, träumte er im Monde weiter, und er würde es ihr nächstens auch sagen, bei der ersten Gelegenheit, die sich schon finden würde. Und einen Heiratsantrag wollte er ihr machen, das war auf einmal sein feuriger Entschluß. »Heiratsantrag«, sagte er laut und erschrak nun doch über das feierliche und große Wort, das ihm da auf die Lippen gekommen war, und er ging aufgeregt im Zimmer auf und ab. Zum Heiraten war er ja wohl noch zu jung, erwog er mit gefurchter Stirn, aber verloben doch wenigstens konnte er sich mit ihr, ihr ein für die Zukunft bindendes Versprechen geben, das konnte er, bedachte er aufatmend, dafür war er alt genug mit seinen siebzehn Jahren.

Ja, dafür war er alt genug, und, überlegte er, wenn er nicht auf der Schule blieb bis zur obersten Klasse, wie er das mußte, wenn er Arzt werden wollte, wie er es bisher vorgehabt hatte, wenn er schon nach Schluß der sechsten Klasse, die er jetzt besuchte, abging von der Schule, wie das auch manche der Kameraden machten, um Bankbeamte zu werden oder auch Kaufleute oder Techniker, wenn er das tat, dann war es gar nicht mehr weit hin, bis er ein freier Mann war, der unabhängig im Leben stand, ein Mann, der Geld verdiente, dann konnte er wohl schon in drei Jahren, in vier Jahren eine Frau heimführen. Und so lang würde das schöne Mädchen schon warten, das fühlte er, wenn es ihn nur ein wenig liebte, und das tat es, daran wollte er nicht zweifeln, und bereit war zu einem bescheidenen Leben an seiner Seite und zu einem großen Glück.

Ihm war heiß geworden bei dem Gedanken, so bald schon eine schöne Frau zu gewinnen und der Schule den Rücken kehren zu können, und sein Vater war vielleicht froh, redete er sich ein, der auf dem Land als Lehrer saß, wenn er das teure Schulgeld für ihn sparte.

Im gelben Mondlicht schwamm das Zimmer, der steifbeinige Stuhl warf einen tiefschwarzen, scharf gekanteten Schatten, und das weiße Bett in der Ecke, das schon aufgeschlagen war, dämmerte verlockend und schwül her. So ein weißes Bett stand auch im Zimmer der schönen Fremden, und vielleicht hatte sie sich eben jetzt angeschickt, sich zu entkleiden, um sich schlafen zu legen, und hatte, von der Gewalt verführt, die durch das Fenster fordernd drängte, das Licht gelöscht, und der Mond schien jetzt in ihr Zimmer, wie er in seins schien, und sie war im weißen Leibchen und im weißen Unterrock ans Fenster getreten und schaute wie er in die Nacht hinaus und zum Mond hinauf. Und wie er sie so vor sich sah, im weißen, knappen Mieder, wie sie stand, und keusch lagen ihre Schultern bloß, jagte ihm, beklemmend und beseligend, eine Glut durch den Leib, und sein Herz zuckte, daß er danach griff, als müsse er das hüpfende halten, und eine Röte stieg ihm ins Gesicht auf und ab, heiß wallend, und er wäre fast getaumelt, und die Knie wurden ihm schwer und schwach zugleich, und er legte den Kopf auf die Arme und begriff nicht, warum er weinte, obwohl er doch so glücklich war, warum ihn ein mächtiges Schluchzen stieß und schüttelte, daß er zu vergehen vermeinte.

Als er am andern Abend, der Tag war schön und wolkenlos gewesen, und auch in der Schule war alles gut gegangen, selbst die französische Stunde war, ohne ihn zu gefährden, verstrichen, als Ludwig am anderen Abend wieder vor der Michaelskirche stand, bei den Büschen, war die schöne Fremde noch nicht da, und auch als die Andacht ihren Anfang genommen hatte, fehlte sie noch. Fünf Minuten verstrichen, zehn Minuten, sie kam nicht, und er spähte immer wieder nach ihr aus, quälend vergeblich. Und als ihn eben ein kalter Schauer überrann bei dem Gedanken, daß sie vielleicht abgereist sei und er sie nie mehr im Leben wiedersehen würde, als ihn das große Grauen der Welt faßte, daß so etwas überhaupt möglich sein sollte, daß ein unbegreiflich waltendes Schicksal es teilnahmslos zuließe, daß etwas, das im ersten Beginnen war, noch gar nicht begonnen hatte, schon wieder sollte beendet sein, da eben, als er sich aufgeregt zum hundertstenmal umblickte, sah er sie über den Platz herkommen, in ihrem grünen Kleid, mit ihrem freien und leicht wiegenden Schritt, und neben ihr ging, und ihm verschlug es den Atem, und seine Haut überlief ein eisiges, prickelndes Stechen vor Schrecken und Scham und Verlegenheit, und neben ihr schritt ein junger Mann in einem schön geschnittenen, grauen Anzug, einen flachen Strohhut auf dem Kopf, und sprach vertraulich auf sie ein, und ihr Gesicht glänzte, schien ihm, wie er es noch nie hatte glänzen sehen. Nun waren die beiden dicht hinter ihm, er hörte ihr Kleid rauschen, dann schoben sie sich an ihm vorbei, weiter nach vorn, und sie blickte ihn dabei so gleichgültig an, als habe sie ihn im Leben noch nicht gesehen, und dann stand sie an ihrem gewöhnlichen Platz unter dem kleinen Fliederbaum, und eine große blaue Blütentraube hing so, daß sie ihr fast die Stirn streifte. Ludwig flimmerte es vor den Augen. Da war sie vor ihm, die Abtrünnige, die Treulose, und während die frommen Gebete aus der Kirche schollen, an- und abschwellend, stand sie neben dem fröhlichen Gutgekleideten, dem Mann im grauen Anzug, und sie standen so eng, schien es ihm, und jetzt eben drehte sie dem siegreichen Verführer, der größer war als sie, das Gesicht zu und lächelte zu ihm auf. Lange währte das, endlos lang, schamlos lang, und Ludwig umklammerte den schmalen Stamm des Bäumchens und ruckte leise daran, daß die Blütentraube über ihrer Stirn sich senkte, ihr einen kleinen, schwankenden Schlag ins Gesicht versetzte, und dann wieder hochstieg. Sie achtete des Schlags nicht, meinte wohl, der Wind habe die Blüte bewegt, aber als Ludwig ihr jetzt zum zweiten- und drittenmal, am Stamm rüttelnd, die Blüte ins Gesicht peitschte, er war wie rasend vor Wut und fühlte nur: sie gehört gezüchtigt, ausgepeitscht gehört sie, hier vor allem Volk gehört sie bestraft, als die Schläge sich wiederholten, konnte sie nicht mehr an den Wind glauben und sah sich um mit einem flammenden Blick und wußte gleich, daß er der Täter war, sah wieder nach vorn, durch die offene Tür in die Kirche hinein und griff nach oben und riß rasch und gewandt die Blüte ab und warf sie zu Boden. Ludwig konnte, als er nach unten spähte, die Blüte auf der Erde liegen sehen, wie sie zornig mit dem Fuß drauftrat und fest drauf stehenblieb.

Endlich war die Andacht, wie lang dauerte sie heute, zu Ende, und das verliebte Paar, und daß es das war, daran zweifelte Ludwig nun nicht mehr im geringsten, mußte wieder an ihm vorbei. Der glückliche Nebenbuhler hatte nichts bemerkt von dem Vorfall, schien es, er sah Ludwig nicht einmal an, sie hatte es nicht einmal der Mühe wert gehalten, ihm etwas davon zu sagen, so wenig galt er ihr, so wenig kam er in Betracht. Aus zusammengekniffenen Augen streifte die Fremde Ludwig mit einem hochmütigen und verächtlichen Blick und legte ihre Hand auf den Arm ihres Begleiters und lachte silbern auf, und dann gingen die Strahlenden ihres Wegs. Vor Ludwig lag im Sand die jämmerlich zertretene Blüte, zerquetscht und besudelt und elend, ein Sinnbild seiner selbst und seiner schmählich verratenen Liebe.

Den Rucksack, der ihm schon bei manchem Ausflug gedient hatte, zusammengefaltet unterm Arm, stand Ludwig unter der Haustüre. Es war nach elf Uhr abends, als er sich auf den Weg machte. Die Straßen waren leer, es hallte sein Schritt auf dem Pflaster. Er hielt sich im Schatten der Häuser, der ihn verbergen sollte, denn nach den Vorschriften der Schule durfte er um diese Stunde nicht mehr außer Haus angetroffen werden, ohne schwere Strafe fürchten zu müssen. Den Rockkragen hatte er hochgeschlagen und trug einen alten, grünen Jägerhut auf dem Kopf, der seinem Zimmerwirt gehörte und den er im Flur verstohlen vom Haken genommen hatte. Der Hut war ihm viel zu groß und saß ihm tief in den Augen, und so konnte er sich davor gesichert fühlen, von einem Lehrer, der ihm etwa begegnen mochte, erkannt zu werden. Der Mond stand am Himmel, aber noch stand er hinterm Turm der Michaelskirche, und so lag der Platz vor der Kirche und die kleine Sträuchergruppe vorm Kirchentor im tiefen Schatten. Dunkel glühten die schweren Dolden des Fliederbäumchens. Unverweilt begann der Zornige sein Werk. Blütentraube nach Blütentraube riß er ab und warf sie auf den Boden zu einem Haufen zusammen. Manche Zweige leisteten zähen Widerstand und gaben die Blüte nicht her, ohne einen Streifen Haut zu opfern und weißliche Wunden dann zu zeigen. Um die Blüten zu erreichen, die an der Spitze des Bäumchens saßen, mußte er den zierlichen Stamm herabbiegen, und die Blüte zu alleroberst, die wie ein Wedel auf dem Turban eines Türkenpaschas schwankte, entzog sich seinem Griff immer wieder, bis er sie doch zu fassen bekam und mit einem Stöhnen der Lust und der befriedigten Rachesucht abriß. Der Platz lag leer und wie ausgestorben, während er sich so mühte. Jetzt schlug es oben vom Turm der Kirche zwölf Uhr, zwölf hallende Schläge, und er unterbrach seinen Eifer und lauschte den Schlägen und zählte mit, bis endlich der zwölfte Schlag dröhnend verklungen war. Er riß dann die letzten Blüten noch ab, die sich im dunklen Laub verborgen gehalten bis jetzt, durch listiges Verstecken seiner Hand zu entkommen getrachtet hatten, er aber wollte ganze Arbeit tun und ruhte nicht, bis der Baum blütenlos stand. Die abgerissenen Trauben dufteten stark und süß. Er füllte sie in den Rucksack, stopfte und preßte und schob, bis sie alle drin waren, und schulterte den Sack dann, warf einen zufriedenen Blick noch auf den geplünderten Baum und machte sich fort.

Es war nicht weit zu dem Hause der schönen Ungetreuen. Vor einem Mann, der ihm begegnet war, summend und singend an ihm vorbei auf der anderen Straßenseite, strömend seliger Laune, er kam von einem späten Trunk wohl, hatte Ludwig sich in das Dunkel einer Toreinfahrt gedrückt und war mit dem Rücken in den Blütensack wie in ein Polster weich und nachgiebig gesunken. Dann war er weitergegangen, und da lag nun ihr Haus im hellen Mondschein. Ihr Fenster stand offen, und ein weißer Vorhang war nur halb zugezogen. Er klinkte die kleine eiserne Vorgartentür auf, sie war nicht verperrt, das hatte er erwartet, niemand verriegelte die Gartentüren, es genügte, wenn die Haustür verschlossen war. Er hob den Sack hoch und schüttete seinen Inhalt auf den Boden, verstreute die Blüten sorgsam, daß der schmale gepflasterte Gang, der von der Eisentür zur Haustür führte, mit den großen, bläulich schimmernden Trauben ganz bedeckt war. Morgen, wenn sie das Haus verließ, mit ihrem wiegenden Schritt, sollte sie wieder die unschuldigen Blüten zertreten müssen, grausam, wie sie heute an der Blüte vor der Kirche getan hatte. Dann schlich er sich vorsichtig an das offene Fenster heran und lauschte. Nichts war zu hören, kein Atemzug oder das Geräusch eines Schlafenden, der sich im Bett umdrehte. Ein großer Schmerz ergriff ihn bei dem Gedanken an die schöne Schläferin, die mit gelösten Gliedern auf ihrem Lager ruhte, schlummerheiß, eine bräunliche Locke geringelt auf den weißen Kissen. Er hob eine Blüte vom Boden auf und warf sie durchs Fenster in das Zimmer. Die mochte sie morgen beim Erwachen vor ihrem Bett finden.

Er nahm den Rucksack unter den Arm, niemand hatte ihn beobachtet, der Mond strahlte gelb vom Himmel, und in seinem Licht lag der mit Blumen bestreute Pfad. Die Eisenpforte klinkte er leise wieder ein und ging nach Haus, und das letzte Stück lief er. Unbemerkt kam er in sein Zimmer und zog sich aus und ging zu Bett, und er lag noch kaum lang ausgestreckt, so spürte er, daß er wie von einer Last befreit war und daß er fest und tief und sanft schlafen würde, bis in den hellen Morgen, so erlöst war ihm zumut, wie nach einer guten Tat.

Das gerupfte Fliederbäumchen sah nicht einmal so schlimm aus, wie Ludwig es gefürchtet hatte, als er klopfenden Herzens am andern Tag zur Maiandacht ging. Es waren ihm ja nur die Blüten genommen worden, es trug noch sein volles, flatterndes Laub, und es schien ihm, daß die meisten der Beter, die sich vorm Tor eingefunden hatten, zuerst nicht einmal merkten, was die vergangene Nacht geschehen war. Aber dann schüttelte doch mancher mißbilligend den Kopf über den frechen Blumenräuber, dessen Tat doppelt abscheulich war, weil der geplünderte Baum vor der Kirche stand, zu ihr gehörig, ein Stück ihrer Einrichtung fast, und geheiligt wie sie.

Und dann sah er sie daherkommen, im grünen Kleid, mit ihrem ausgreifenden, ein wenig wiegenden Schritt, allein wieder, er stellte es tief atmend fest. Sie beachtete ihn nicht, trat vor ihn auf ihren gewohnten Platz unter dem Fliederbaum. Sie kam neben eine alte Frau zu stehen, deren Scheitel weiß leuchtete. Die Frau neigte sich zu ihr, flüsterte ihr etwas ins Ohr, und die schöne Fremde warf einen raschen Blick in das Laubwerk hinauf, und dann nickte sie wie zustimmend und ein wenig zerstreut und sah wieder geradeaus, in die Kirche hinein, als habe ihr das keinen Eindruck gemacht, was die alte Frau ihr gesagt hatte, als kümmere sie das wenig, was böse Hände da verbrochen hatten, als lausche sie fromm und andächtig und hingegeben dem Lobgesang, der aus der Kirche süß herausdrang in die Maienluft. Aber das Rot, das über ihren Nacken lief, ein tiefes, dunkles Rot, das wie eine brennende Woge aufflammte, verriet Ludwig, und das war ihm eine tiefe und strahlende Genugtuung, daß sie jetzt wußte, wer der Fliederräuber war, und daß sie jetzt auch wußte, wenn sie es auch schon geahnt haben mochte, wer den Fliederüberfluß vor ihre Tür geschüttet hatte heute nacht und die Blüte in ihr Zimmer geworfen. Das Rot verlief sich dann wieder, weiß glänzte ihr Nacken, bräunlich schimmerte ihr Haaransatz, und sie sah sich nicht ein einziges Mal nach ihm um, stand wie ins Gebet versunken.

Die Beter gingen dann, und sie wandte sich auch zu gehen und griff in das Laub des Fliederbäumchens, nahm ein paar Äste zusammen und drückte sie an die Brust und strich zärtlich und wie voll Mitleid darüber hin und ließ sie wieder los, die zurücksprangen und leise schaukelten. Dabei hatte sie Ludwig, den Kopf ein wenig schüttelnd, wie fragend angesehen.

Der Rucksack strömte einen leichten Fliederduft aus, als Ludwig ihn aus dem Kasten holte. Es war schon dämmerig, Feierabend war, und alle Läden längst geschlossen, aber in der kleinen Gärtnerei würde man es wohl so genau nicht nehmen. Die Gärtnersfrau verkaufte ihm auch wirklich noch für wenig Geld einen mächtigen Strauß Flieder. Er brachte ihn im Rucksack unter, zum Erstaunen der Frau, aber weil er es nun einmal so haben wollte, half sie ihm dabei, und weil sie sehr sorgsam verfuhren und der Flieder ja geduldig ist und sich krümmt und alles mit sich geschehen läßt, so erlitten die schönen rotbläulichen Trauben keinen merklichen Schaden.

Dann trug er die leichte Last auf sein Zimmer. In der Schublade hatte er immer einen Schnurvorrat, weil er alle vierzehn Tage seine Wäsche in eine Pappschachtel verpackte und nach Hause schickte, in die mütterliche Obhut, zur Säuberung und Instandsetzung. Die Schnur zerschnitt er in handlange Stücke. Dann schüttete er den Flieder auf den Tisch und knüpfte an die Stiele der Blüten die Schnüre. Aber es waren so viele Blüten, und die Schnüre reichten nicht, und so entnahm er seinen neuen, braunen Sonntagsschuhen die Bänder und zerschnitt sie, und dann war es soweit, daß jede Blüte unten einen Faden baumeln hatte. Es war eine heimliche und schöne Arbeit, wie man sie zur Weihnachtszeit tut, an Glaskugeln und Äpfeln. Die Blüten packte er dann wieder in den Rucksack.

Gegen Mitternacht, den Jägerhut seines Zimmerwirts auf dem Kopf, den Rucksack geschultert, machte sich Ludwig auf den Weg zur Michaelskirche. Es war Vollmond jetzt geworden, gelb glänzte die mächtige Scheibe am Himmel. Am Fliederbäumchen begann er seine Arbeit, band Blüte nach Blüte an die Zweige, und das war mühevoller, als die Nacht vorher das Abrupfen gewesen war, und es erforderte mehr Zeit und Geschicklichkeit, aber es ging gut, und niemand störte ihn bei seinem sonderbaren Treiben. Er unterbrach seine Tätigkeit nicht einmal, als drüben über den Platz ein Paar Arm in Arm ging, das ihm aber keinen Blick schenkte, mit sich selber zu tun hatte, ihn auch schwerlich hätte entdecken können, weil ihn das Strauchzeug barg. Dann war er fertig und musterte sein Werk und fand es gut.

Er war nicht sehr aufmerksam am andern Tag beim Unterricht, er mußte immer daran denken, ob man wohl seinen geschmückten Fliederbaum in Ruhe gelassen hatte, ob nicht irgendein übereifriger Spaziergänger die Blüten wieder abgerissen hatte. Er hätte ja in der Mittagspause nachsehen können, aber er nahm sich zusammen und tat es nicht. Und wahrhaftig, zur Stunde der Maiandacht, da hingen sie noch am Bäumchen, und man mußte schon genau hinsehen, um zu erkennen, daß sie nur angebunden waren, so tüchtig hatte er seine Sache gemacht. Und es ist ja auch der Menschen Art nicht, so scharf zu spähen, und wenn etwas nur halbwegs sitzt, so nehmen sie es für gelungen

Das geliebte Mädchen kam, die schöne Unbekannte, in einem weißen Kleid, und wieder allein, wie früher auch immer, und er zweifelte nicht mehr, daß er ihr unrecht getan hatte mit seinem Verdacht, daß der Graugekleidete ihr etwas bedeute. Ludwig duckte sich, um nicht gleich von ihr gesehen zu werden. Sie stellte sich an ihren gewohnten Platz, an der Mauer, unter dem Bäumchen, und sah auf und sah, daß der Baum seine Blüten wiederbekommen hatte, und schüttelte den Kopf und sah sich lachend nach ihm um, der ihr rot und verlegen und glücklich ein Lächeln zurückgab. Nie, so war es ihm, hatten die Sängerknaben so schön gesungen, so himmlisch schön. »Maria zu lieben ist all mein Begehr«, sangen sie, und das Wort: lieben!, das klang ihm so süß, und er sang mit, und es war wohl sündhaft, woran er dachte, nicht fromm an Maria dachte er, an seine schöne Geliebte vielmehr, die weißgekleidete.

Sie holte sich eine der Blüten vom Baum, als die Andacht zu Ende war, und das ging nicht so leicht, sah er, fest geknüpft hatte er, aber es gelang ihr, und die Blüte trug sie in der Hand und kam auf ihn zu. Ihm war, sie wolle ihn ansprechen, und er zitterte vor Verwirrung, aber da schob sich ein Rudel lärmender Kinder dazwischen, das sie abdrängte, und da nickte sie ihm bloß zu, nickte ihm bloß zu mit ihrem schönen Gesicht, und er sah, daß sie viel älter war als er, Ende der Zwanzig wohl schon, eine ganz erwachsene Frau, nickte ihm bloß zu, ohne etwas zu sagen, und so kam es, daß er nie den Klang ihrer Stimme hören sollte.

Am andern Abend erschien sie nicht zur Andacht. Unruhig stand Ludwig auf seinem Platz und spähte und spähte, aber sie kam nicht. Ein Gang zur Schneiderin hat sie abgehalten, redete er sich ein, oder ein Besuch, den sie nicht losbrachte, des zudringlichen Graugekleideten mußte sie sich vielleicht erwehren, so versuchte er sich zu trösten, oder vielleicht hatte sie Kopfweh und lag im verdunkelten Zimmer, und morgen würde sie wieder dasein, sagte er sich, ganz bestimmt würde sie morgen wieder dasein, aber tief im Herzen saß ihm die würgende Gewißheit, daß er sie gestern abend zum letztenmal gesehen hatte.

Er ging dann zu ihrem Haus. Das Fenster ihres Zimmers war geschlossen. Er strich um das Haus herum, ließ die Tür nicht aus den Augen, bis ein vielleicht zehnjähriger Bub aus ihr heraustrat, der einen Krug in der Hand trug, das Abendbier zu holen. Er sprach ihn an und fragte ihn aus, und ja! sagte er, sie sei abgereist, heute morgen, nach M., wo sie wohne, bei ihren Eltern. Ihr Urlaub sei aus, sagte er, den sie hier bei ihren Verwandten verbracht habe, und sie heirate bald, sagte er, im Sommer, und er sei eingeladen zur Hochzeit, ihr Verlobter habe ihn eingeladen dazu, der neulich hier gewesen sei, und er freue sich darauf, und er bekomme einen schwarzen Anzug, sagte er, und er dürfe der Braut die Schleppe tragen in der Kirche, das habe sie ihm versprochen, und das würde ein schönes Fest werden.

Diese Nacht kam Ludwig erst spät nach Haus. Er war flußaufwärts gerannt, wo sich ein Weidendickicht hinzog, das durchstreifte er kreuz und quer, und die Schläge, die ihm die Ruten ins Gesicht versetzten, empfand er als angenehm. Einmal war er in einen Tümpel geraten, in ein schlammiges Loch, daß ihm das Wasser in die Schuhe lief, und mit knatschenden Schuhen ging er weiter. Auf einem Stein am Ufer saß er lang und sah in das Ziehen des Wassers hinein. Der volle Mond schien und spiegelte sich in der schwärzlich strömenden Flut. Die Nacht rückte vor, der Mond ging seinen langsamen Weg. Überm Fluß drüben lag ein Dorf, und jede Viertelstunde hörte er vom Turm die Zeit schlagen. Um Mitternacht beschloß er zu schwimmen. Er entkleidete sich, und nackt stand er fröstelnd eine Weile. Dann stieg er ins Wasser. Das war eiskalt und schaurig. Es war nicht sehr tief an dieser Stelle, bis ans Knie ging ihm das Wasser, und er blieb frierend stehen und spürte den Sand unter den Zehen und spürte, wie die Flut an ihm riß und ihn mitzerren wollte. Ein Nachtvogel schrie aus den Uferweiden, daß er sich erschreckt umsah. Wenn er sich vorbeugte, sah er sich im Wasser wieder, sah einen bleichen Leib, durch den ein unablässiges Zittern rann. Dann ging er weiter in den Fluß hinaus, mühsam sich stemmend, aber dann verlor sich der Grund, er sank rauschend unter, schwarz strudelte es vor seinen Augen, es sauste und brauste um ihn, und er ließ sich sinken.

Der Fluß nahm ihn mit, mit stiller Gewalt, mit mächtigen und zärtlichen Armen trug er ihn. Dann stieß etwas an ihn, einmal, zweimal, Bisse waren es, ein neugieriger Fisch hatte nach ihm geschnappt, als sei er schon tot, schon eine weißliche, aufgeschwemmte Wasserleiche, und davor ekelte ihn unsäglich, und die Bisse fürchtete er mehr als den Tod, und er schlug mit Armen und Beinen wild um sich und war wieder an der Oberfläche des Flusses, schnaubend, und sah den Mond über sich und schwamm ans Ufer und zog sich an und ging nach Haus.

Drei Tage lang ging Ludwig nicht mehr zur Maiandacht. Als er es am vierten Tag wieder tat, nahm er nicht seinen gewöhnlichen Weg, trat durch eine kleine Seitentüre in die Michaelskirche. Er setzte sich, und an das uralte Holz eng und tröstlich geschmiegt, kühl geborgen im Dunkel des schweigenden Gestühls, ließ er den Goldjubel der Andacht vorüberrauschen. Er blieb sitzen, bis die Kirche sich leerte und der Kirchendiener die Kerzen gelöscht hatte. Durch den dämmernden Raum leuchtete der blaue Mantel der Maria her, und die Krone blitzte über ihrem runden, kindlich-mütterlichen Gesicht.

Als er dann ging, durch das große Tor diesmal, blieb er vor dem Fliederbäumchen stehen. Es trug noch die Blüten, aber die waren welk geworden, eingeschrumpft bräunlich und matt hingen sie.

Der alte Kirchendiener war eben unter das Tor getreten, über seinem schwarzen, priesterlichen Gewand die blaue Arbeitsschürze, und war wie ein rechtlicher Hausvater, der das Seine betreut. Ob man die welken und abscheulich anzusehenden Blüten nicht abschneiden solle, fragte Ludwig, und deutete auf den Baum, und seine Stimme zitterte. Der Alte sah ihn ruhig an und betrachtete den Baum dann und lächelte und sagte gelassen: »Was die törichten Buben nicht alles treiben!« Dann holten sie beide ihre Taschenmesser heraus und zerschnitten die Schnüre, und es lag dann ein Haufen verwelkter Blütentrauben vor ihnen auf dem Boden. Der Alte bückte sich, raffte das Modernde hoch und trug es zu einem Busch, der über und über mit großen, flammendroten Kelchen bedeckt war. Er bog den Busch auseinander und stopfte die welken Blüten hinein, und der Busch schloß sich wieder, blühend und jung stand er und wucherte und schwoll und prangte, und niemand konnte sehen, was zu seinen Füßen lag an Verwesendem, aus dem er sich nun neue Kraft holen würde.

Gabriele Tergit

Die geheimnisvolle Rose

Die Rose, die der Göttin der Liebe geweiht war, also dem großen Geheimnis des Fortbestandes alles Lebendigen, war das Symbol des Geheimnisvollen und der Verschwiegenheit. Es gibt auch eine banalere Erklärung, nämlich daß die Rose, als einzige gefüllte Blume, ein geheimnisvoll verhülltes Inneres hatte. Nach einer anderen Leseart ist der Ausdruck *sub rosa* zum erstenmal aufgetaucht, als die Griechen die entscheidende Schlacht gegen den Perserkönig Xerxes in einer Rosenlaube streng geheim geplant hatten. Die Redensart *sub rosa*, d. h. »unter der Rose«, bedeutet: unter dem Siegel der Verschwiegenheit. »Was wir hier kosen, bleibt unter Rosen«, heißt es noch in Sebastian Brants *Narrenschiff*. »Im Rosenbeete strahlt Geheimnis, und in der Rose liegt's verborgen.« Man befestigte deshalb als Zeichen, daß die Gespräche vertraulich seien, bei Gastmählern eine Rose an der Zimmerdecke. Im Mittelalter verbreitete sich diese Sitte über ganz Europa. Die Rose wurde das Symbol der deutschen Zechgelage, die *sub rosa*, unter der Rose, stattfanden. Und bis zum heutigen Tage, oder mindestens bis vorgestern, hatte man die Deckenrose aus Stuck, an der die Mittelbeleuchtung aufgehängt wurde: unter der Rose, *sub rosa*.

Auch für die Bauhütten des Mittelalters blieb die Rose das symbolische Zeichen der Verschwiegenheit. In den Kelchblättern der Rosenknospe ist nämlich das Pentagramm oder der Drudenfuß in der spiraligen Aufeinanderfolge der einzelnen Blätter zu erkennen. Der Drudenfuß war das geheime Erkennungszeichen der Pythagoräer, wahrscheinlich von den alten Ägyptern übernommen. Er war ein heiliges Zeichen bei den Kelten und wurde nicht selten auf gallischen Münzen abgebildet. Die geometrischen Proportionen dieser Spirale wurden seit dem Altertum als *Goldener Schnitt* bezeichnet.

Auf den Beilen der Feme befand sich das Bildnis eines Ritters mit Rosenstrauß, und jedes Mitglied der Feme mußte alle Rosen küssen, die es erblickte.

Papst Hadrian (1522–1523) ließ in alle Beichtsühle Rosen als Symbol der Verschwiegenheit schnitzen, nachdem schon seit langem frische, geweihte Rosen an den Beichtstühlen befestigt worden waren.

Aber auch die Türken glaubten, daß die fünf Geheimnisse Allahs in der Rose ruhten.

Die Rose bei den alten und neuen Germanen – Rosmarin

Wildwachsende Rosen hießen nicht Rosen, wurden nicht als solche erkannt. Sie hießen Hagedorn, Handorn, Weithagen. Tief in der Vorzeit wurde ihr Name geprägt. Dorn war *brama*, wobon das deutsche Brombeere und das englische *bramble* kommt, oder *hinfo*, wovon das englische *hip* und das deutsche *Hagebutte* und das dänische *hybentorn* abgeleitet ist.

Der germanische Urwald war ein Gewirr von Stacheln und Dornen, und des Menschen ungeschützte Hand war das Werkzeug, um die Dornen zu entfernen. Es verwundert nicht, daß man nur die Dornen sah und die rosige Blüte nicht beachtete. Der heilige Hain, in dem der alte Germane seinen Göttern diente, war der von Heckenrosen umschlossene Rosenhag.

Aber nicht alles, was Rose heißt, meint die Blume. *Rus*, *Rüs* ist Geschiebe, Geröll. In der Ostschweiz, im Allgäu, heißen entlegene Friedhöfe und Felseneinöden *Rosengarten* und *Rosenhag*. Man kann annehmen, daß der Monte Rosa ebenso wie der Rosengarten in den Dolomiten »Geröllgarten« bedeutet.

Die Heckenrose hatte in den germanischen Wäldern

nichts mit der Liebe zu tun. Keine Rolle spielten die Blumen im Dämmer der Geschichte, als der Mut, totzuschlagen und totgeschlagen zu werden, als höchste Tugend galt und der größte Totschläger der größte Held war. Die Heckenrose wuchs an blutigen Opferstätten, an den Hünengräbern. Röslein heißen entsetzlicherweise die blutigen Wunden, und die Rosengärten Laurins sind die Schlacht- und Todesfelder, so wie das ganze Mittelalter hindurch das Schlachtfeld von den Dichtern »der Rosengarten« genannt wurde. In der verfeinerten Ritterzeit hieß dann der Turnierplatz Rosengarten.

Kriemhilds Rosengarten war ein wirklicher Garten. Er war eine Meile lang und eine halbe Meile breit. Darin wuchs eine Linde, unter deren Schatten fünfhundert Frauen sitzen konnten, die von zwölf Helden bewacht wurden, unter denen Siegfried der berühmteste war. Rüdiger meldete Kriemhild die Absicht seines Herrn, den Kampf aufzunehmen, mit den Worten:

Euch läßt entbieten mit Etzel der von Bern,
sie hätten lichte Rosen aus eurem Garten gern,
drin wollen sie zertreten die Blumen, und das Gras
mit Blute wohl begießen, daß es muß werden naß.

Rüdiger sagt, als er von seinem Botengang zurückkommt:

Im Paradies ich war!
Welch reine Augenweide dort alle wird erwarten,
und welche Schönheit in sich
birgt dieser Rosengarten.

Einer der Burschen zertrampelt die Rosen noch vor der Schlacht. Das wird als sehr peinlich empfunden. Es sind sozusagen außerdienstlich zertrampelte Rosen. Und diese barbarische Geschichte endet:

Keinen Garten mehr dort hegte Kriemhild,
die schöne Magd.

In der Hitlerzeit schrieb einer in einem gelehrten Buch über Rosen, nachdem er die Rose als ein Geschöpf der orientalischen und antiken Welt prinzipiell abgelehnt hatte: »Sinn und Bedeutung von Rose und Rosengarten dort (in Persien) waren aber wesentlich anders als die der ernsten, wehrhaften deutschen Heckenrose. In den heroischen, kriegerischen Zeiten spielen Weib und Rose keine Rolle.« Als heroische, kriegerische Zeiten nannte er dann die Zeit der Griechen, der ersten Römer, der Völkerwanderung, der deutschen Religionskriege! Und da dies ein Buch der Abschweifungen, der Rand- und Nebenbemerkungen ist, so ein paar kleine Ziffern aus »diesen heroischen, kriegerischen Zeiten« der deutschen Religionskriege, in denen »Weib und Rose« keine Rolle spielten:

Die Richter waren immer – in diesen heroischen, kriegerischen Zeiten – finanziell interessiert. In Bamberg wurden zum Beispiel als Ergebnis von 900 Prozessen für 500 000 Gulden an Eigentum der Verbrannten, Geräderten und Gevierteilten konfisziert.

»Im Fürstentum Neiße sind binnen 9 Jahren an 1000 Hexen, darunter Kinder von 2 bis 4 Jahren, hingerichtet worden, in Fulda in 3 Jahren 250, in Ellwangen in einem Jahr 167. In Würzburg haben von 1623 bis 1631 900 Personen beiderlei Geschlechts den Scheiterhaufen bestiegen.«

Als Zeiten übersteigerter Zivilisation und sittlichen Verfalls, »wo Weib und Rose« eine Rolle spielen, bezeichnete derselbe deutsche Gelehrte »das späte Rom, die Zeit der Minnesänger, die italienische Renaissance, Barock und Rokoko«.

Diese Ansichten aus dem Jahre 1936 sind der äußerste Gegensatz zu denen Schellings, der sagte: »Was ist Europa als der für sich unfruchtbare Stamm, dem alles vom Orient her eingepropft und erst dadurch veredelt werden mußte.«

Dornröschen tauchte zum erstenmal im 14. Jahrhundert auf. Es kann ein Geschöpf des Rittertums sein. Die Rosenhecke um die Minneburgen wurden zum Zweck eines Liebesspiels von den Herren Rittern erbaut. Als Wurfgeschosse der Damen dienten Rosen, Früchte, Kuchen. Statt des siedenden Wassers, das man im Ernstfall auf die Belagernden goß, wurde Parfüm hinabgegossen, bis endlich die Herren unter einem Blumenregen die Burg erstürmten und die Damen gefangennahmen.

Es kann aber auch sein, daß Dornröschen auf noch ältere Vorstellungen zurückgeht. Wotan bewirkte mit einem Schlafdorn den Zauberschlaf der Walküre (Brunhilde?), und die wabernde Lohe mag sich in die Dornenhecke bei Dornröschen verwandelt haben.

Geweckt wurde Dornröschen mit Rosmarin, dieser sagen- und glaubenumwitterten Heil-, Schmuck-, Liebes-, Trauer- und Nahrungspflanze. Man glaubte, daß Rosmarin schön mache, daß ein Kopfkissen, mit Rosmarin gefüllt, gut für die Kopfnerven sei. In Belgien hieß es, die Kinder kämen aus einem Rosmarinstrauch. In Frankreich tut man Rosmarin an Schinken, in Italien an den Reisbrei. Man spickte die Braten damit und würzte damit den Wein. Der Honig von Narbonne ist ebenso weltberühmt, wie es der Honig vom Berge Ida war, den nur Jupiter essen durfte, weil die ganze Umgebung von Narbonne, genauso wie der Berg Ida, von Rosmarin bedeckt war. Ebenso gilt das Fleisch von Hammeln, die auf den Rosmarintriften von Montpellier weiden, als eine besondere Delikatesse. In Ägypten war Rosmarin ein Gartengewächs und im südlichen Spanien ein Brennmaterial.

Truman Capote

Das Blumenhaus

Ottilie hätte eigentlich das glücklichste Mädchen in Port-au-Prince sein müssen. Das sagte auch Baby zu ihr: »Denk doch nur an all das Gute, das du hast.«

»Was denn?« sagte Ottilie, denn sie war eitel, und Komplimente waren ihr noch lieber als Fleisch oder Parfüm. »Zum Beispiel wie du aussiehst«, sagte Baby. »Du hast eine wunderschöne helle Haut, sogar fast blaue Augen und so ein hübsches, reizendes Gesicht – kein Mädchen, das auf die Straße geht, hat treuere Kunden, und jeder einzelne von ihnen ist bereit, dir so viel Bier zu kaufen, wie du nur trinken kannst.« Ottilie gab zu, daß es wahr sei, und fuhr fort, ihre Schätze zusammenzuzählen: »Ich habe fünf Seidenkleider und ein Paar grüne Satinschuhe; ich habe drei Goldzähne, die dreißigtausend Francs wert sind, und vielleicht schenkt mir Mr. Jamison oder ein anderer noch ein Armband. Aber, Baby«, seufzte sie und konnte nicht sagen, warum sie so unzufrieden war.

Baby war ihre beste Freundin; sie hatte noch eine Freundin: Rosita. Baby war rund und kam angerollt wie ein Rad; auf einigen ihrer dicken Finger hatten falsche Ringe grüne Reifen hinterlassen, ihre Zähne waren dunkel wie verbrannte Baumstümpfe, und wenn sie lachte, konnte man sie noch auf der See draußen hören, zumindest behaupteten das die Matrosen. Rosita, die andere Freundin, war größer als die meisten Männer und auch stärker. Am Abend, wenn sie die Kunden erwartete, trippelte sie geziert herum und lispelte mit einer einfältigen Kinderstimme, aber tagsüber machte sie lange, ausgreifende Schritte und sprach in einem militärischen Bariton. Beide Freundinnen von Ottilie kamen aus der Dominikanischen Republik und hielten diese Tatsache für Grund genug, sich über die Eingeborenen dieses dunkleren Landes ein wenig erhaben zu fühlen. Es machte ihnen nichts aus, daß Ottilie eine Eingeborene war. »Du hast Köpfchen«, sagte Baby zu ihr, und tatsächlich war Klugheit das einzige, wofür Baby schwärmte. Ottilie hatte oft Angst, daß ihre Freundinnen entdecken würden, daß sie weder lesen noch schreiben konnte.

Das Haus, in dem sie lebten und arbeiteten, war wackelig, so schmal wie ein Turm und mit zierlichen Balkonen bedeckt, die mit Bougainvillea bewachsen waren. Obwohl außen kein Schild angebracht war, wurde es das Champs-Elysées genannt. Die Besitzerin, eine altjüngferliche, gebrechlich aussehende Kranke, regierte von einem oben gelegenen Zimmer aus, wo sie sich einschloß, in einem Schaukelstuhl schaukelte und zehn bis zwanzig Coca-Colas im Tag trank. Insgesamt hatte sie acht Damen, die für sie arbeiteten; Ottilie ausgenommen, war keine unter dreißig. Am Abend, wenn sich die Damen auf der Veranda versammelten, wo sie plauderten und mit Papierfächern wedelten, die wie trunkene Falter in der Luft flatterten, sah Ottilie aus wie ein entzückendes, verträumtes Kind inmitten älterer, häßlicherer Schwestern.

Ihre Mutter war tot, ihr Vater, ein Pflanzer, war nach Frankreich zurückgekehrt, und sie war in den Bergen von einer derben Bauernfamilie aufgezogen worden. Jeder der Söhne hatte mit ihr in sehr jungen Jahren an irgendeinem grünen schattigen Platz geschlafen. Vor drei Jahren, als sie vierzehn gewesen war, war sie zum erstenmal zum Markt nach Port-au-Prince heruntergekommen. Die Reise dauerte zwei Tage und eine Nacht, und sie war zu Fuß gegangen und hatte einen zehn Pfund schweren Sack Getreide getragen. Um die Last zu verringern, hatte sie ein wenig Getreide herausfließen lassen, und dann noch ein wenig, und als sie den Markt erreicht hatte, war fast keines mehr übrig gewesen. Ottilie hatte geweint, weil sie daran dachte, wie zornig die

Familie sein würde, wenn sie ohne Geld für das Getreide heimkäme, aber ihre Tränen flossen nicht lange: ein so lustiger, netter Mann half ihr sie zu trocknen. Er kaufte ihr eine Schnitte Kokosnuß und brachte sie zu seiner Kusine, der Besitzerin des Champs-Elysées. Ottilie konnte ihr Glück gar nicht fassen; die Musik aus dem Spielautomaten, die Satinschuhe und die scherzenden Männer waren so neu und wunderbar wie die elektrische Glühbirne in ihrem Zimmer, die ein- und auszuknipsen sie nicht müde wurde. Bald wurde von allen Straßenmädchen über sie am meisten gesprochen, und die Besitzerin konnte für sie den doppelten Preis verlangen, und Ottilie wurde eitel. Sie konnte sich stundenlang vor einem Spiegel drehen. Selten nur dachte sie an die Berge; und doch war nach drei Jahren immer noch viel von den Bergen in ihr: Immer noch schien der Bergwind um sie zu wehen, und ihre harten, hohen Hüften waren nicht weich geworden, ebensowenig wie ihre Fußsohlen, die so rauh waren wie die Haut einer Eidechse.

Wenn ihre Freundinnen von der Liebe und von Männern, die sie geliebt hatten, sprachen, wurde Ottilie verdrießlich. »Was hat man für ein Gefühl, wenn man liebt?« fragte sie. »Ah«, sagte Rosita mit einem Blick, als vergingen ihr die Sinne, »man hat ein Gefühl, als sei einem Pfeffer aufs Herz gestreut worden, als schwämmen in den Adern winzige Fische.« Ottilie schüttelte den Kopf; wenn Rosita die Wahrheit sagte, dann hatte sie noch nie geliebt, denn sie hatte noch bei keinem der Männer, die in das Haus kamen, ein solches Gefühl gehabt. Sie machte sich darüber so viele Gedanken, daß sie zuletzt zu einem *Houngan* ging, der in den Hügeln oberhalb der Stadt wohnte. Im Gegensatz zu ihren Freundinnen hängte Ottilie keine christlichen Bilder an die Wände ihres Zimmers; sie glaubte nicht an Gott, sondern an viele Götter: Götter der Nahrung, des Lichtes, des Todes, des Verderbens. Der Houngan stand mit diesen Göttern in Verbindung; er verwahrte ihre Geheimnisse auf seinem Altar, konnte im Klappern eines Kürbisses ihre

Stimme hören, konnte ihre Kraft in einem Trank austeilen. Im Namen der Götter gab er ihr folgende Botschaft: »Du mußt eine wilde Biene fangen«, sagte er, »und sie in deiner geschlossenen Hand halten ... wenn die Biene nicht sticht, dann weißt du, daß du die Liebe gefunden hast.«

Auf dem Heimweg dachte sie an Mr. Jamison. Er war ein Mann über fünfzig, ein Amerikaner, der mit irgendeinem technischen Projekt zu tun hatte. Die goldenen Armbänder, die an ihren Handgelenken klimperten, waren Geschenke von ihm, und als Ottilie an einem Zaun vorbeiging, der mit Geißblatt bewachsen war, frage sie sich, ob sie nicht vielleicht doch Mr. Jamison liebe. Schwarze Bienen hingen am Geißblatt. Mit einer mutigen Handbewegung fing sie eine, die gerade schlummerte. Ihr Stich war wie ein Schlag, der sie in die Knie zwang; und da kniete sie und weinte, bis es schwer war zu sagen, ob die Biene sie in die Hand oder in die Augen gestochen hatte.

Es war März und ging schon auf den Karneval zu. Im Champs-Elysées nähten die Damen an ihren Kostümen; Ottilies Hände waren müßig, denn sie hatte beschlossen, überhaupt kein Kostüm zu tragen. An turbulenten Wochenenden, wenn die Trommeln zum aufgehenden Mond emporklangen, saß sie an ihrem Fenster und sah zerstreut den kleinen Gruppen von Sängern zu, die die Straße entlangtanzten und trommelten; sie horchte auf das Pfeifen und das Lachen und hatte keine Lust mitzumachen. »Man könnte meinen, du seiest tausend Jahre alt«, sagte Baby, und Rosita sagte: »Ottilie, warum kommst du nicht mit uns zu den Hahnenkämpfen?«

Sie sprach nicht von einem gewöhnlichen Hahnenkampf. Aus allen Teilen der Insel waren Teilnehmer eingetroffen und hatten ihre wildesten Vögel mitgebracht. Ottilie fand, sie könne eigentlich mitgehen, und schraubte ein Paar Perlen an ihre Ohren. Als sie hinkamen, war der Wettkampf bereits im Gange; in einem großen Zelt schluchzte und brüllte eine riesige Menschenmenge, während sich eine zweite Menge, diejenigen, die nicht hineinkommen konnten, draußen drängte. Für die Damen vom Champs-Elysées war es kein Problem, hineinzukommen: Ein befreundeter Polizist bahnte ihnen den Weg und machte für sie einen Platz auf einer Bank am Ring frei. Die Leute vom Lande, die um sie herum saßen, schienen verlegen zu sein, daß sie in so vornehme Gesellschaft geraten waren. Sie warfen scheue Blicke auf Babys lackierte Fingernägel, auf die kristallbesetzten Kämme in Rositas Haar und auf Ottilies schimmernde Perlenohrringe. Die Kämpfe waren jedoch spannend, und bald waren die Damen vergessen; Baby ärgerte sich darüber und ließ ihre Blicke auf der Suche nach Augen, die in ihre Richtung blickten, umherschweifen. Plötzlich stieß sie Ottilie an. »Ottilie«, sagte sie, »du hast einen Bewunderer. Siehst du den Jungen da drüben, er starrt dich an, als wärst du etwas Kühles zu trinken.«

Zuerst dachte sie, es müsse ein Bekannter sein, weil er sie ansah, als sollte sie ihn wiedererkennen; aber wie konnte sie ihn denn kennen, wenn sie noch niemals jemanden gekannt hatte, der so schön war, der so lange Beine und kleine Ohren hatte? Sie konnte sehen, daß er aus den Bergen kam, sie sah es an seinem Strohhut und dem verschossenen Blau seines groben Hemdes. Seine Haut war braungelb, glänzend wie eine Zitrone und glatt wie ein Guavenblatt, und die Haltung seines Kopfes war so stolz wie der schwarze und scharlachrote Vogel, den er in den Händen hielt. Ottilie war es gewohnt, die Männer frech anzulächeln; aber jetzt war ihr Lächeln bruchstückhaft, es hing an ihren Lippen wie Kuchenkrümel.

Schließlich kam eine Pause. Die Arena wurde frei gemacht, und alle, die konnten, drängten sich hinauf, um zu tanzen und zu stampfen, während ein Orchester aus Trommeln und Saiteninstrumenten Karnevalslieder spielte. In diesem Augenblick näherte sich der junge Mann Ottilie; sie lachte, als sie sah, wie sein Vogel wie ein Papagei auf seiner

Schulter hockte. »Verschwind«, sagte Baby, die empört war, daß ein Bauer Ottilie zum Tanzen aufforderte, und Rosita erhob sich drohend, um sich zwischen den jungen Mann und ihre Freundin zu stellen. Er lächelte nur und sagte: »Bitte, gnädige Frau, ich möchte gerne mit Ihrer Tochter sprechen.« Ottilie fühlte, wie sie hochgehoben wurde, fühlte, wie sich ihre Hüften im Takt der Musik an seine Hüften schmiegten, und es machte ihr gar nichts aus. Sie ließ sich von ihm in das dichteste Gedränge der Tanzenden führen. Rosita sagte: »Hast du das gehört, er dachte, ich sei ihre Mutter?« Und Baby tröstete sie und sagte finster: »Was kann man denn schließlich von ihnen erwarten? Sie sind doch nur Eingeborene, alle beide. Wenn sie zurückkommt, tun wir einfach so, als würden wir sie nicht kennen.«

Ottilie aber kam nicht zu ihren Freundinnen zurück. Royal, so hieß der junge Mann, Royal Bonaparte, wie er ihr sagte, hatte nicht tanzen wollen. »Wir müssen an einen stillen Platz gehen«, sagte er, »nimm meine Hand, und ich führe dich.« Sie fand ihn seltsam, hatte bei ihm aber kein fremdes Gefühl, denn in ihr waren immer noch die Berge, und er kam aus den Bergen. Während der schillernde Vogel auf seiner Schulter schwankte, verließen sie Hand in Hand das Zelt und wanderten langsam die weiße Straße entlang, dann über einen weichen Weg, wo Sonnenvögel durch die grünen, schräggeneigten Akazienbäume flatterten.

»Ich bin traurig«, sagte er und sah dabei nicht traurig aus. »In meinem Dorf ist Juno ein Champion, aber die Vögel hier sind stark und häßlich, und wenn ich ihn kämpfen ließe, hätte ich nur einen toten Juno. So werde ich ihn nach Hause nehmen und sagen, er habe gewonnen. Ottilie, willst du eine Prise nehmen?«

Sie schnupfte genießerisch. Schnupftabak erinnerte sie an ihre Kindheit, und obwohl diese Jahre schlimm gewesen waren, berührte sie doch das Heimweh mit seinem weitreichenden Zauberstab. »Royal«, sagte sie, »bleib einen Augenblick stehen, ich möchte meine Schuhe ausziehen.«

Royal selbst hatte keine Schuhe; seine goldfarbenen Füße waren schlank und zierlich, und die Spuren, die sie hinterließen, waren wie die Fährte eines grazilen Tieres. Er sagte: »Wie kommt es, daß ich dich hier finde, ausgerechnet hier, wo nichts gut ist, wo der Rum schlecht ist und die Leute Diebe sind? Wieso finde ich dich hier, Ottilie?«

»Weil ich leben muß, so wie du, und hier ist ein Platz für mich. Ich arbeite in einem – oh, einer Art Hotel.«

»Wir haben unser eigenes Land«, sagte er. »Den ganzen Hang eines Berges, und am Gipfel dieses Berges ist mein kühles Haus. Ottilie, willst du kommen und darinnen sitzen?«

»Verrückt«, neckte ihn Ottilie, »verrückt«, und sie lief zwischen den Bäumen, und er lief ihr nach und streckte die Arme aus, als hielte er ein Netz. Der Vogel Juno breitete seine Flügel aus, krähte und flog auf die Erde. Kratzige Blätter und pelziges Moos kitzelten Ottilies Fußsohlen, als sie sich durch die Schatten schlängelte; plötzlich ließ sie sich mit einem Dorn in der Ferse in ein Dickicht aus Regenbogenfarn fallen. Sie zuckte, als Royal den Dorn herauszog; er küßte die Stelle, an der er gewesen war, seine Lippen wanderten zu ihren Händen, ihrem Hals, und es war, als wäre sie zwischen schwebenden Blättern. Sie atmete seinen Duft ein, den dunklen, sauberen Duft, der an Wurzeln erinnerte, an Wurzeln von Geranien, von mächtigen Bäumen.

»Jetzt ist es genug«, bat sie, obwohl sie nicht das Gefühl hatte, als sei es wirklich genug: Es war nur, daß nach einer Stunde mit ihm ihr Herz am Zerspringen war. Er war daraufhin still. Sein Kopf, dessen Haar sie kitzelte, ruhte über ihrem Herzen, und sie sagte schhhh zu den Schnaken, die um seine schlafenden Augen schwärmten, und psst zu Juno, der herumstolzierte und zum Himmel emporkrähte.

Während sie dalag, sah Ottilie ihre alten Feinde, die Bienen. Still und im Gänsemarsch wie Ameisen krochen die Bienen in einen abgebrochenen Baumstumpf, der nicht weit von ihr entfernt war, hinein und heraus. Sie löste sich aus Royals Armen und ebnete einen Platz auf dem Boden für seinen Kopf. Ihre Hand zitterte, als sie sie den Bienen in den Weg legte, aber die erste, die daherkam, purzelte auf ihre Handfläche, und als sie die Finger schloß, machte sie keine Anstalten, ihr weh zu tun. Sie zählte bis zehn, um sicherzugehen, dann öffnete sie die Hand, und die Biene stieg mit einem freudigen Gesang in Spiralen in die Luft.

Die Besitzerin gab Baby und Rosita einen guten Rat: »Laßt sie in Ruhe, laßt sie gehen, in ein paar Wochen kommt sie schon wieder.« Die Besitzerin sprach in der Ruhe nach dem Sturm, nach der Niederlage: Um Ottilie zu halten, hatte sie ihr das Zimmer im Haus, einen neuen Goldzahn, eine Kodak, einen Ventilator angeboten, aber Ottilie hatte nicht geschwankt, sie hatte einfach weiter ihre Sachen in einen Karton gepackt. Baby versuchte ihr zu helfen, aber sie weinte so sehr, daß Ottilie sie daran hindern mußte: Es mußte doch Unglück bringen, wenn diese vielen Tränen auf die Ausstattung einer Braut fielen. Und zu Rosita sagte sie: »Rosita, du solltest dich für mich freuen, statt dazustehen und deine Hände zu ringen.«

Schon zwei Tage nach dem Hahnenkampf schulterte Royal Ottilies Karton und führte sie in der Abenddämmerung den Bergen entgegen. Als es bekannt wurde, daß sie nicht mehr im Champs-Elysées war, gingen viele Kunden zu einer anderen Firma; andere, die zwar dem alten Lokal treu blieben, beklagten sich über die Düsterkeit der Atmosphäre. An einigen Abenden war kaum jemand da, um den Damen ein Bier zu kaufen. Allmählich fühlte man, daß Ottilie doch nicht zurückkommen würde; nach sechs Monaten sagte die Besitzerin: »Sie muß tot sein.«

Royals Haus war wie ein Blumenhaus; Glyzinien bedeckten das Dach, ein Vorhang aus Wein beschattete die Fenster, Lilien blühten an der Tür. Aus den Fenstern konnte man das ferne, schwache Schimmern des Meeres sehen, da das Haus hoch oben auf einem Berg stand; hier brannte die

Sonne heiß, aber die Schatten waren kühl. Innen war das Haus immer dunkel und kühl, und an den Wänden raschelten aufgeklebte rosa und grüne Zeitungen. Es gab nur einen einzigen Raum; er enthielt einen Ofen, einen wackeligen Spiegel auf einem Marmortisch und ein Messingbett, das groß genug war für drei dicke Männer.

Aber Ottilie schlief nicht in diesem großartigen Bett. Sie durfte nicht einmal darauf sitzen, denn es gehörte Royals Großmutter, Old Bonaparte. Sie war ein eingefallenes, verhutzeltes Wesen, hatte O-Beine wie ein Zwerg und war kahl wie ein Bussard und wurde auf Meilen im Umkreis als Zauberin gefürchtet. Viele hatten Angst, ihren Schatten auf sich fallen zu lassen; selbst Royal war vor ihr auf der Hut, und er stotterte, als er ihr sagte, daß er eine Frau nach Hause gebracht habe. Die alte Frau winkte Ottilie zu sich heran und zwickte sie boshaft hier und dort, und dann sagte sie zu ihrem Enkel, daß seine Braut zu mager sei: »Sie wird im ersten Wochenbett sterben.«

Jede Nacht wartete das junge Paar mit der Liebe, bis sie glaubten, daß Old Bonaparte eingeschlafen war. Manchmal, wenn Ottilie auf dem vom Mond beschienenen Strohsack ausgestreckt lag, auf dem sie schliefen, war sie sicher, daß Old Bonaparte wach war und sie beobachtete. Einmal sah sie ein klebriges, vom Sternenlicht erhelltes Auge in der Dunkelheit leuchten. Es hatte keinen Sinn, sich bei Royal zu beklagen, er lachte nur: Was machte es denn schon aus, wenn eine alte Frau, die so viel vom Leben gesehen hatte, noch ein wenig mehr sehen wollte?

Da sie Royal liebte, ließ Ottilie diese Dinge nicht an sich herankommen und versuchte, sich über Old Bonaparte nicht zu ärgern. Lange Zeit war sie glücklich; sie vermißte weder ihre Freundinnen noch das Leben in Port-au-Prince; trotzdem hielt sie ihre Andenken an jene Tage gut in Ordnung: mit einem Nähkörbchen, das ihr Baby als Hochzeitsgeschenk gegeben hatte, flickte sie die Seidenkleider und die grünen Seidenstrümpfe, die sie jetzt niemals trug, denn wo hätte sie sie tragen sollen. Nur Männer versammelten sich im Café im Dorf bei den Hahnenkämpfen. Wenn die Frauen zusammenkommen wollten, trafen sie sich am Bach bei der Wäsche. Aber Ottilie war zu beschäftigt, um sich einsam zu fühlen. Bei Tagesanbruch sammelte sie Eukalyptusblätter, um Feuer zu machen und ihre Mahlzeiten zu kochen; Hühner mußten gefüttert werden, Old Bonaparte jammerte um Aufmerksamkeit. Drei- oder viermal am Tage füllte sie einen Eimer mit Trinkwasser und trug ihn dahin, wo Royal in den Zuckerrohrfeldern eineinhalb Kilometer unterhalb des Hauses arbeitete. Es machte ihr nichts aus, daß er bei diesen Besuchen barsch zu ihr war, sie wußte, daß er sich nur vor den anderen Männern aufspielte, die in den Feldern arbeiteten und sie angrinsten wie aufgeschnittene Wassermelonen. Aber am Abend, wenn sie ihn zu Hause hatte, zog sie ihn an den Ohren und schmollte, weil er sie wie einen Hund behandele, bis er sie in der Dunkelheit des Hofes, wo die Leuchtkäfer leuchteten, festhielt und ihr etwas ins Ohr flüsterte, so daß sie lächeln mußte.

Sie waren ungefähr fünf Monate verheiratet, als Royal begann, alles zu tun, was er vor der Hochzeit getan hatte. Andere Männer gingen auch am Abend ins Café und blieben ganze Sonntage bei den Hahnenkämpfen – er konnte nicht verstehen, warum sich Ottilie darüber aufregte. Aber sie sagte, er habe kein Recht, sich so zu benehmen, und daß er sie nicht mit diesem boshaften alten Weib allein lassen würde, wenn er sie liebte. »Ich liebe dich«, sagte er, »aber ein Mann muß auch sein Vergnügen haben.« Es gab Nächte, in denen er seinem Vergnügen nachging, bis der Mond hoch am Himmel stand; sie wußte nie, wann er nach Hause kommen würde, und sie lag auf ihrer Matratze und kränkte sich und bildete sich ein, daß sie nicht schlafen könne, wenn sie nicht seine Arme um sich fühlte.

Aber die wirkliche Qual war Old Bonaparte. Sie war nahe daran, Ottilie zur Verzweiflung zu bringen. Wenn Ottilie kochte, kam bestimmt das schreckliche alte Weib zum Ofen und schnüffelte herum, und wenn sie das nicht mochte, was es zum Essen gab, nahm sie einen Mundvoll und spuckte es auf den Fußboden. Jeden Schmutz und jede Unordnung, die sie sich ausdenken konnte, machte sie: Sie machte ins Bett, bestand darauf, die Ziege ins Zimmer zu nehmen, und was sie auch immer anfaßte, war bald verschüttet oder zerbrochen, und Royal gegenüber klagte sie, daß eine Frau, die für ihren Mann das Haus nicht in Ordnung halten könne, nichts tauge. Sie war den ganzen Tag auf den Beinen, und ihre roten, unbarmherzigen Augen waren selten geschlossen. Aber das Schlimmste, das, was Ottilie schließlich dazu brachte, ihr zu drohen, sie werde sie umbringen, war ihre Gewohnheit, plötzlich heranzuschleichen und sie so heftig zu kneifen, daß man die Abdrücke ihrer Fingernägel sehen konnte. »Wenn du das noch ein einziges Mal machst, wenn du dich noch einmal unterstehst, nehme ich dieses Messer und schneide dir das Herz heraus!« Old Bonaparte wußte, das es Ottilie ernst meinte, und obwohl sie das Kneifen ließ, dachte sie sich andere Scherze aus: Zum Beispiel ließ sie es sich angelegen sein, kreuz und quer über einen bestimmten Teil des Hofes zu gehen und so zu tun, als wisse sie nicht, daß Ottilie dort einen kleinen Garten gepflanzt hatte.

Eines Tages geschahen zwei außergewöhnliche Dinge. Ein Knabe kam aus dem Dorf und brachte einen Brief für Ottilie; im Champs-Elysées hatte sie von Zeit zu Zeit Postkarten von Matrosen und anderen reisenden Männern bekommen, die mit ihr angenehme Stunden verbracht hatten, aber das war der erste Brief, den sie jemals erhalten hatte. Da sie ihn nicht lesen konnte, war ihr erster Gedanke, ihn zu zerreißen. Es war sinnlos, ihn herumliegen zu lassen, so daß er sie verfolgen konnte. Natürlich bestand die Möglichkeit, daß sie eines Tages lesen lernen würde; und so ging sie, um ihn in ihrem Nähkörbchen zu verstecken.

Als sie das Nähkörbchen öffnete, machte sie eine unheimliche Entdeckung: wie ein grausiges Wollknäuel lag da der abgeschnittene Kopf einer gelben Katze. So war also das elende alte Weib auf neue Streiche aus! Sie will mich verhexen, dachte Ottilie, die sich nicht im geringsten fürchtete. Sie nahm den Kopf vorsichtig an einem Ohr heraus und trug ihn zum Ofen, wo sie ihn in einen Topf mit siedendem Wasser warf. Zu Mittag sog Old Bonaparte an ihren Zähnen und bemerkte, daß die Suppe, die Ottilie für sie gemacht hatte, erstaunlich gut schmecke.

Am nächsten Morgen fand sie gerade rechtzeitig für das Mittagessen eine kleine grüne Schlange, die sich in ihrem Körbchen schlängelte. Sie hackte sie so fein wie Sand und streute sie über eine Portion Schmorfleisch. Jeden Tag wurde ihre Phantasie auf die Probe gestellt: Es gab Spinnen zu backen, eine Eidechse zu braten, die Brust eines Bussards zu kochen. Old Bonaparte aß von allem mehrere Portionen. Mit einem rastlosen Glitzern verfolgten ihre Augen Ottilie, während sie auf irgendein Zeichen wartete, daß der Zauber zu wirken begänne. »Du siehst nicht gut aus, Ottilie«, sagte sie und mischte ein wenig Sirup in den Essig ihrer Stimme. »Du ißt wie eine Ameise; warum nimmst du dir nicht einen Teller von dieser guten Suppe?«

»Weil ich keinen Bussard in der Suppe mag«, antwortete Ottilie ruhig, »oder Spinnen in meinem Brot, Schlangen im Schmorfleisch; ich habe keinen Appetit auf solche Dinge.«

Old Bonaparte verstand; mit schwellenden Adern und gelähmter, kraftloser Zunge erhob sie sich zitternd und fiel dann über den Tisch. Vor Einbruch der Nacht war sie tot.

Royal ließ Klageleute kommen. Sie kamen aus dem Dorf und von den benachbarten Bergen, und sie belagerten das Haus, indem sie heulten wie Hunde um Mitternacht. Alte Frauen schlugen mit den Köpfen gegen die Wände, stöhnende Männer warfen sich zu Boden: Es war die Kunst des Schmerzes, und diejenigen, die den Kummer am besten spielten, wurden sehr bewundert. Nach dem Begräbnis gingen alle fort und waren befriedigt, weil sie gute Arbeit geleistet hatten.

Jetzt gehörte das Haus Ottilie. Ohne das Herumschnüffeln und den Schmutz von Old Bonaparte, den sie hatte wegräumen müssen, hatte sie mehr freie Zeit, aber sie wußte nichts damit anzufangen. Sie rekelte sich auf dem großen Messingbett, sie trödelte vor dem Spiegel herum. Die Eintönigkeit brummte in ihrem Kopf, und um ihr Fliegengebrumm zu vertreiben, sang sie die Lieder, die sie aus dem Musikautomaten im Champs-Elysées gelernt hatte. Wenn sie in der Dämmerung auf Royal wartete, erinnerte sie sich, daß zu dieser Stunde ihre Freundinnen in Port-au-Prince auf der Veranda plauderten und warteten, daß ein Wagen umkehrte; aber wenn sie sah, wie Royal gemächlich den Pfad heraufkam und sein Zuckerrohrmesser wie ein Halbmond an seiner Seite baumelte, vergaß sie solche Gedanken und lief ihm mit zufriedenem Herzen entgegen.

Eines Nachts, als sie halb eingeschlafen war, fühlte Ottilie plötzlich, daß noch jemand im Zimmer war. Dann sah sie am Fußende des Bettes ein Auge leuchten, das sie beobachtete, so wie sie es schon früher gesehen hatte. Jetzt wußte sie, was sie schon seit einiger Zeit vermutete: daß Old Bonaparte tot, aber nicht fort war. Als sie einmal allein im Hause gewesen war, hatte sie ein Lachen gehört, und ein anderes Mal hatte sie draußen im Hof gesehen, wie die Ziege jemanden anstarrte, der gar nicht da war, und wie sie mit den Ohren zuckte, so wie sie es immer getan hatte, wenn sie die alte Frau am Kopf kraulte.

»Hör auf mit dem Bett zu schaukeln«, sagte Royal, und Ottilie zeigte mit dem Finger auf das Auge und fragte ihn flüsternd, ob er es nicht sehen könne. Als er antwortete, daß sie träumte, faßte sie nach dem Auge und schrie auf, als sie ins Leere griff.

Royal zündete eine Lampe an; er hielt Ottilie fest auf seinem Schoß und steichelte ihr Haar, während sie ihm von den Entdeckungen in ihrem Nähkörbchen erzählte und was sie damit getan hatte. War es böse, was sie getan hatte? Royal wußte es nicht, er konnte es nicht entscheiden, aber er meinte, sie müsse bestraft werden; und warum? Weil es die alte Frau so wollte, weil sie sonst Ottilie niemals in Ruhe lassen würde: das war so mit Gespenstern.

Und so holte Royal am nächsten Morgen ein Seil und schlug vor, Ottilie an einen Baum im Hof zu binden. Da sollte sie bis zur Dunkelheit ohne Essen und Trinken bleiben, und jeder, der vorüberging, würde sehen, daß sie in Schande sei.

Aber Ottilie kroch unter das Bett und weigerte sich hervorzukommen. »Ich laufe davon«, jammerte sie. »Royal, wenn du versuchst, mich an diesen alten Baum anzubinden, laufe ich dir davon.«

»Dann müßte ich gehen und dich holen«, sagte Royal, »und das wäre nur um so schlimmer für dich.«

Er packte sie am Fußgelenk und zog sie kreischend unter dem Bett hervor. Den ganzen Weg in den Hof hinaus hielt sie sich an Gegenständen fest, an der Tür, einer Rebe, am Bart der Ziege, aber keines dieser Dinge wollte sie festhalten, und Royal wurde nicht daran gehindert, sie an den Baum zu binden. Er machte drei Knoten in das Seil und ging fort zur Arbeit, indem er an seiner Hand sog, in die sie ihn gebissen hatte. Sie schrie ihm alle Schimpfnamen nach, die sie jemals gehört hatte, bis er hinter dem Berg verschwand. Die Ziege, Juno und die Hühner versammelten sich, um sie in ihrer Demütigung anzustarren; Ottilie ließ sich zu Boden fallen und streckte ihnen die Zunge heraus.

Ottilie schlief beinahe, und daher hielt sie es für einen Traum, als in Begleitung eines Kindes aus dem Dorf Baby und Rosita, die unsicher auf hohen Absätzen wackelten und phantasievolle Schirme trugen, den Weg heraufwankten und ihren Namen riefen. Da sie Menschen im Traum waren, würden sie wahrscheinlich nicht erstaunt sein, sie an einen Baum gebunden zu finden.

»Mein Gott, bist du verrückt?« kreischte Baby und hielt sich in einiger Entfernung, als fürchte sie, daß dies tatsächlich der Fall sein müsse. »Sag etwas, Ottilie!«

Blinzelnd und kichernd sagte Ottilie: »Ich freue mich so, euch wiederzusehen. Rosita, bitte binde mich los, damit ich euch beide umarmen kann.«

»Das also macht dieses Scheusal mit dir«, sagte Rosita und riß an dem Seil. »Na warte, wenn ich ihn sehe, dich zu schlagen und dich wie einen Hund im Hof anzubinden.«

»O nein«, sagte Ottilie, »Royal schlägt mich nie. Ich werde heute bloß bestraft.«

»Du hast nicht auf mich hören wollen«, sagte Baby. »Und jetzt siehst du, was du davon hast. Dieser Mann hat sich für eine ganze Menge zu rechtfertigen«, fügte sie hinzu und schwang ihren Schirm.

Ottilie umarmte und küßte ihre Freundinnen. »Ist es nicht ein hübsches Haus?« sagte sie und führte sie darauf zu. »Es ist, als hätte man einen Wagen voll Blumen gepflückt und ein Haus darauf gebaut: so meine ich wenigstens. Kommt aus der Sonne und laßt uns hineingehen. Drinnen ist es kühl, und es riecht so gut.«

Rosita rümpfte die Nase, als ob das, was sie roch, gar nicht gut sei, und erklärte mit ihrer brunnentiefen Stimme, daß es gewiß besser sei, wenn sie aus der Sonne gingen, da sie anscheinend Ottilies Kopf verwirre.

»Es ist ein Glück, daß wir gekommen sind«, sagte Baby und suchte in einer riesigen Handtasche herum. »Und das hast du Mr. Jamison zu verdanken. Madame sagte, du seiest tot, und als du unseren Brief nicht beantwortet hast, dachten wir, das müsse wohl so sein, aber Mr. Jamison, der reizendste Mann, den du je finden wirst, mietete einen Wagen für mich und Rosita, deine liebsten, besten Freundinnen, damit wir hier herauffahren und herausfinden, was mit unserer Ottilie geschehen ist. Ottilie, ich habe hier in meiner Handtasche eine Flasche Rum, so hole uns ein Glas, und wir wollen eine Runde trinken.«

Die eleganten, ausländischen Manieren und der auffallende Putz der Stadtdamen hatten ihren Führer, einen kleinen Jungen, dessen neugierige schwarze Augen im Fenster schwebten, berauscht. Auch Ottilie war beeindruckt, denn schon lange hatte sie keine bemalten Lippen mehr gesehen oder Parfüm gerochen, und während Baby den Rum einschenkte, holte sie ihre Satinschuhe und ihre Perlenohrringe hervor.

»Himmel«, sagte Rosita, als sich Ottilie fertig hergerichtet hatte, »es gibt keinen einzigen Mann, der dir nicht ein ganzes Fäßchen Bier kaufen würde; wenn man sich das vorstellt, so ein wunderbares Wesen wie du leidet fern von denen, die dich lieben.«

»Ich habe nicht so sehr gelitten«, sagte Ottilie. »Nur manchmal.«

»Sei jetzt still«, sagte Baby, »du brauchst noch nicht darüber zu sprechen. Es ist jetzt ohnehin alles vorbei. Hier, Liebling, laß mich dein Glas nochmals füllen. Ein Hoch auf die alten Zeiten und auf die zukünftigen! Heute abend wird Mr. Jamison für alle Champagner kaufen: Madame gibt ihn zum halben Preis.«

»Oh«, sagte Ottilie und beneidete ihre Freundinnen. Sie wollte wissen, was man von ihr sprach. Erinnerte man sich an sie?

»Ottilie, du hast keine Ahnung«, sagte Baby. »Männer, die wir noch nie gesehen haben, sind gekommen und haben gefragt, wo Ottilie ist, weil sie weit weg in Havanna und Miami von dir gehört haben. Und was Mr. Jamison betrifft, so schaut er uns andere Mädchen nicht einmal an, er kommt nur und sitzt auf der Veranda und trinkt für sich allein.«

»Ja«, sagte Ottilie wehmütig, »er war immer reizend zu mir, Mr. Jamison.«

Schließlich neigte sich die Sonne, und die Flasche Rum war dreiviertel leer. Ein kurzer Regenschauer hatte einen Augenblick lang die Berge getränkt, die jetzt durch die Fenster wie Libellenflügel schimmerten, und eine Brise, die mit dem Duft von Blumen nach dem Regen beladen war, streifte durch das Zimmer und raschelte mit den grünen und rosa Papieren an den Wänden. Es waren viele Geschichten erzählt worden, einige davon waren lustig, andere trauig; es war wie das Plaudern an den Abenden im Champs-Elysées, und Ottilie war glücklich, wieder dazuzugehören.

»Aber es wird schon spät«, sagte Baby, »und wir haben versprochen, vor Mitternacht zurück zu sein. Ottilie, können wir dir packen helfen?«

Obwohl es Ottilie nicht bewußt geworden war, daß ihre Freundinnen erwarteten, sie werde mit ihnen kommen, bewirkte doch der Rum, der sich in ihr regte, daß es ihr natürlich erschien, und mit einem Lächeln dachte sie: Ich habe ihm gesagt, daß ich davonlaufe. »Nur«, sagte sie laut, »hätte ich nicht einmal eine Woche, um mich zu amüsieren. Royal wird sofort hinunterkommen und mich holen.«

Beide Freundinnen lachten darüber. »Du bist so dumm«, sagte Baby. »Ich möchte diesen Royal sehen, wenn einige von unseren Männern mit ihm fertig sind.«

»Ich möchte es keinem raten, Royal etwas zu tun«, sagte Ottilie. »Außerdem würde er noch zorniger sein, wenn wir zurückkommen.«

Baby sagte: »Aber Ottilie, du würdest doch nicht mehr mit ihm hierher zurückkommen.«

Ottilie kicherte und schaute sich im Zimmer um, als sähe sie etwas, was für die anderen unsichtbar war. »Aber natürlich würde ich zurückkommen«, sagte sie.

Baby rollte mit den Augen und zog einen Fächer hervor, den sie ruckweise vor ihrem Gesicht hin und her bewegte. »Das ist das Verrückteste, was ich je gehört habe«, sagte sie mit harten Lippen. »Ist das nicht das Verrückteste, was du je gehört hast, Rosita?«

»Das ist nur, weil Ottilie soviel durchgemacht hat«, sagte Rosita. »Komm, Liebling, leg dich aufs Bett, während wir deine Sachen packen.«

Ottilie schaute zu, wie sie anfingen, ihre Sachen auf einen Haufen zusammenzulegen. Sie schoben ihre Kämme und Haarnadeln zusammen und rollten ihre Seidenstrümpfe auf. Sie zog ihre hübschen Kleider aus, als wolle sie etwas noch Hübscheres anziehen, aber statt dessen schlüpfte sie wieder in ihr altes Kleid; und dann legte sie ruhig, als wolle sie ihren Freundinnen helfen, alles wieder an seinen Platz zurück. Baby stampfte mit dem Fuß, als sie sah, was los war.

»Hör zu«, sagte Ottilie. »Wenn du und Rosita meine Freundinnen seid, dann tut bitte das, was ich euch sage: Bindet mich im Hof wieder so an, wie ihr mich gefunden habt. So wird mich niemals eine Biene stechen.«

»Sternhagelvoll besoffen«, sagte Baby; aber Rosita sagte, sie solle den Mund halten. »Ich glaube«, sagte Rosita seufzend, »ich glaube, Ottilie liebt ihn.« Wenn sie Royal zurückhaben wollte, würde Ottilie mit ihm gehen, und da dies eben so war, könnten sie ebensogut nach Hause gehen und sagen, daß Madame recht habe und Ottilie tot sei.

»Ja«, sagte Ottilie, denn die Dramatik dieser Darstellung gefiel ihr. »Sagt ihnen, daß ich tot bin.«

Und so gingen sie in den Hof hinaus; dort sagte Baby mit wogender Brust und Augen, die so rund waren wie der Mond, der am Tag über den Himmel eilte, daß sie nichts damit zu tun haben wolle, Ottilie an den Baum zu binden, so daß Rosita es allein tun mußte. Beim Abschied weinte Ottilie am meisten, obwohl sie froh war, daß sie gingen, denn sie wußte, daß sie nicht mehr an sie denken würde, sobald sie fort waren. Während sie auf ihren hohen Absätzen die Mulden im Weg hinunterschwankten, wandten sie sich um, um zu winken, aber Ottilie konnte nicht zurückwinken, und so vergaß sie sie fast, noch ehe sie ihren Blicken entschwunden waren.

Während sie Eukalyptusblätter kaute, um ihren Atem zu reinigen, fühlte sie, wie die Kühle der Abenddämmerung die Luft durchdrang. Der Mond wurde gelb, und Vögel, die im Baum ihre Nester hatten, segelten in seine Dunkelheit. Plötzlich, als sie Royal auf dem Weg hörte, warf sie ihre Beine auseinander, ließ ihren Kopf zurückfallen und die Augen weit in ihre Höhlen hinabrollen. Aus einiger Entfernung würde es aussehen, als habe sie ein gewaltsames, klägliches Ende gefunden. Und während sie hörte, wie sich Royals Schritte zum Laufen beschleunigten, dachte sie glücklich: Das wird ihm einen schönen Schreck einjagen.

Luise Rinser

Die Lilie

Weihnachten, Nikolaustag und Ostern, das sind die Festzeiten der Kinder. Ich war ein Kind und liebte den Duft und Schimmer des Christbaums, die warme Dunkelheit des ausschwingenden Jahres, das Suchen der bunten Eier im frühlingsfeuchten Garten. Das Fest aber, das mir über allen stand, fiel in den Frühsommer und war ein Fest der Kirche: Fronleichnam. Es brachte keine Geschenke und war nicht eigens für die Kinder da; es hielt sich in einem reineren Abstand. Ich hatte in der Religionsstunde gelernt, daß es für Gott war, um ihn im »Sakramente des Altares« zu ehren. Das »Sakrament«, das war das funkelnde, zart verschleierte Goldgehäuse, das der Priester trug. Darin, so hatte man mir gesagt, war Gott. Ich glaubte es inbrünstig, wenn ich daran dachte. Es schien mir keineswegs verwunderlich, daß Gott sich in einem so kleinen Brote verbarg. Auch in den Märchen geschahen derlei Verwandlungen: Ein Frosch ist plötzlich König, ein Totenknöchelchen ist eine Flöte. Auch die so harmlos aussehenden Dinge, Pflanzen, Tiere und Menschen, die täglich mich umgaben, besaßen die verwirrende Fähigkeit zu täuschen: Ein kleines rötliches Holzstäbchen, das man vertrauensvoll in die Hand nimmt, beginnt eilig wegzulaufen und ist ein Käfer; ein Mensch, der einem in der Dunkelheit begegnet, erstarrt zu einem Weidenstrunk. Keine Form war ein für allemal festgelegt, jedes Ding besaß vielerlei Gestalt, nichts war sicher, endgültig, einfach. Ich gewöhnte mich leicht daran, dieser gefährlichen Wandelwelt mit einer entzückten Vorsicht mich zu nähern, ja ich lernte bald selbst zaubern, nach Belieben meine Gestalt wechseln: Im Wasser war ich ein Fisch, im Wald ein laubblättriges Wesen. Wenn solcher Spuk geschen konnte, dann war es auch möglich, daß Gott sich in Brot verwandelte. Es fiel mir leicht, an diesem Tage fromm zu sein. Das Fest begann mit dem ersten Axthieb, der zwei Tage vor Fronleichnam aus den Flußauen schallte: Junge Birken wurden geschlagen und an Wegrändern und Hauswänden aufgepflanzt. Am Vorabend des Festes wurden an vier Plätzen des Orts Bretter und hölzerne Sockel zu Altären im Freien gefügt. Der Klosterhof war lebendig wie nie sonst im Jahr: Die Nonnen hämmerten an ihrem Altar, der vor dem Hauptportal aufgestellt wurde; sie kehrten die Wege, mähten das Gras an den Wegrändern und schnitten die Hecken. Weltlich geschäftig, doch wie unter einer gläsernen Glocke von Stille arbeiteten sie. Kinder liefen im Dorf umher, sonderbar und lächerlich verändert durch waagrecht und steif vom Kopf abstehende oder zu kleinen harten Nestern und Wickeln aufgedrehte Zöpfchen, die metallisch glänzten. Man hatte sie mit Butter oder Bier beschmiert, damit sie straff wurden. Am Festmorgen wurden sie gelöst und mühsam ausgekämmt. Dann fielen sie in strengen, strähnigen Locken nieder. Diese feierliche Haartracht verlieh den Kindergesichtern für einige Stunden den starren Ernst ägyptischer Plastiken. Meine Haare waren von Natur aus kraus und gelockt, darüber aber war ich nicht froh, denn die Qual des Zöpfchenflechtens, der die andern Kinder unterworfen waren, erschien mir nötig, war ein Opfer, gehörte zum Kult.

Zu zweien zogen am Vortag die Mädchen aus, um in großen Körben Salbei und Wucherblumen, Klee und entblätterte Pfingstrosen zu sammeln, die während der Prozession auf den Weg gestreut wurden. Da ich keine Einheimische war, gehörte ich nicht zur Dorfgemeinschaft und wurde nicht mit Blumenpflücken beauftragt. Ich stand am Fenster und sah die Dorfmädchen in den blühenden Wiesen untertauchen. Auch dieses Zusehen war schön und war eine Form tätiger Anteilnahme.

Am Fronleichnamsmorgen weckte mich das vielstimmige Geläut vom Turm der Klosterkirche. Niemand wußte, daß ich an diesem Tage von vier Uhr an am offenen Fenster saß, in ein Tuch gehüllt, frierend und selig. Mit nichts vergleichbar war die Schönheit dieser Morgenfrühe. Die Nonnen waren wach und schon im Hof. Sie breiteten rote Tücher und Teppiche aus und streuten frisch gemähtes Gras auf die Wege. Einige standen im Blumengarten und schnitten Pfingstrosen, Kaiserkronen und Iris, taufeucht, manche erst am Vorabend erblüht. Im Gebüsch standen die jungen Novizen. Sie griffen in das nasse duftende Blütengewirr des Jasmin und brachen Zweig um Zweig. In der Ferne krähten Hähne, als seien es nicht sie, die man kennt, die gierigen Anführer der Hühnerhöfe, sondern fremde Vögel, die früher als die andern den Tag verspüren und besingen.

Nie konnte ich, sosehr ich mich darum bemühte, die Stufen des Tagwerdens erkennen – ein wenig lichtes Grau am Himmel, ein paar Vogelrufe, und schon war es Morgen, schon streifte Sonnenschein die Giebel. Der Zauber der kalten, gläsernen Frühe war dahin.

Die Nonnen eilten in die Kirche, und ich konnte hören, wie sie den Morgenchoral sangen. Mochte nun der Tag werden, wie er wollte – ich hatte ihn in seiner schönsten Stunde belauscht.

Im Innersten meines Herzens, beinahe vergessen, hockte ein Rest von Mißtrauen gegen das Fest, seitdem es mich einmal sehr unglücklich gemacht hatte.

Ich war sieben Jahre alt. Ich weiß es ganz genau, denn ich durfte zum erstenmal in den Reihen der Schulkinder an der Spitze der Prozession gehen, nicht mehr wie bisher an der Hand der Mutter zwischen den dunklen, murmelnd und leiernd betenden Frauen am Ende des Zuges, dort, wo schon keine rechte Ordnung und Feierlichkeit mehr war, wo Kinder, die kleiner waren als ich, laut und unverständig plapperten, wo bald dieses, bald ein anderes greinte und müde war, auf den Arm genommen oder hinter einen Busch geführt werden wollte und Mütter einander verständnisvoll und nachsichtig zunickten. Schon als ich sechs Jahre alt gewesen war, hatte ich die Zumutung, hier bei Knirpsen mit nassen Hosen untergebracht zu sein, als tief entwürdigend empfunden. Einzig mit der Zusage, es sei das letztemal, hatte man mich zum Mitgehen überreden können. Während der Prozession tröstete mich ein Strauß Alpenveilchen, den ich trug und den ich unverwandt ansah und beroch, über das Unzulängliche meiner Umgebung hinweg.

Genau ein Jahr später aber waren Blumen bei der Prozession Anlaß zu großer Kümmernis.

Am Vorabend des Festes ging ich mit meiner Mutter in den Garten, um den Strauß, den ich tragen sollte, zusammenzustellen. Wir gingen sehr wählerisch dabei zu Werke, denn meine Mutter meinte, für den lieben Gott sei das Schönste noch kaum gut genug. Mit dieser geistlichen Absicht verband sich ihr eine recht weltliche: Den schönsten Strauß von allen sollte ihr Kind tragen. – Vergißmeinnicht erschienen ihr zu gering im Wert; Maiglöckchen waren schon verblüht und hingen pergamenten gelb an ihren Stengeln; Goldlack roch zwar verlockend, aber war dies Jahr ein wenig zu sehr ins Kraut geschossen, und die Blüten standen spärlich; Pfingstrosen blätterten zu leicht ab; lange standen wir vor dem Schwertlilienbeet; die großen, dunkelvioletten gefleckten Blüten gefielen uns sehr, und schon hatte meine Mutter die Schere an einen der hohen Stengel gesetzt, da zögerte sie und fand, Schwertlilien seien eigentlich Sumpfpflanzen, bedürften vieler Feuchtigkeit und welkten allzu rasch, wenn sie geschnitten und in heißen Händen getragen würden. Ich hatte mich schon, leicht ungeduldig, kurz zu großen veredelten Margueriten entschieden, die zwar nicht kostbar, aber dafür kräftig und unempfindlich waren, als meine Mutter, die suchend den Garten durchwandelt hatte, eine halberblühte Lilie fand. »Willst du sie?« fragte meine Mutter; ich rief rasch entschlossen ja und schaute zu, wie die Schere das grüne saftige Fleisch zwischen ihre blinkenden kalten Messer nahm. Aber noch ehe der Stengel durchschnitten war, schrie ich: »Nein, nicht!« Doch schon sah ich ihn sinken und fallen. »Was hast du?« fragte meine Mutter erstaunt. – »Nichts«, sagte ich leise und wußte nicht, warum ich auf einmal traurig war. Wir gingen ins Haus. Die Lilie wurde in einen hohen gläsernen Wasserkrug gestellt und in den Jagdsaal getragen, denn dort war es sehr kühl.

Tief in der Nacht erwachte ich. Ich hatte geträumt, doch war mir der Traum entglitten und hatte nichts zurückgelassen als eine unbestimmte Schmerzempfindung, die wie eine dunkle Welle mein Herz umspülte. Es war ein Gefühl von großer Trauer, dem ich hilflos preisgegeben war, da ich seine Ursache nicht kannte. Ich spürte, daß ich im Traum geweint hatte und im Wachen weiterweinte. Ich besann mich, ob ich etwas Böses getan hatte am Tage: Hatte ich etwas zerbrochen oder verloren und es nicht gestanden? Nichts war mir bewußt. Wäre ich etwa fünf Jahre älter gewesen, so hätte ich aus einer Reihe ähnlicher Erfahrungen heraus diese scheinbar grundlose Trauer zu deuten vermocht als Vorahnung eines schlimmen Tages, der seinen Schatten in meinen Traum vorauswarf, mich zu warnen, als einen bitteren Vorgeschmack künftiger Tränen. Allmählich fühlte ich, wie mein Schmerz sich verdichtete und bestimmter wurde, und als ich eine letzte heftige Anstrengung meiner Erinnerungskraft gemacht hatte, stand das Bild meiner Lilie vor mir. Ich stieg aus dem Bett, schlüpfte in meine Schuhe, legte ein Tuch um und schlich durch das Zimmer, das neben dem meiner Mutter lag. Der Boden knarrte zwar, und die Tür schnappte mit einem Knacken ins Schloß, doch hatte niemand es gehört.

Ich stand an dem einen Ende des hundert Meter langen gepflasterten Ganges, der längs der bewohnten Zimmer und Säle lief und an dessen anderem Ende der Eingang zum Jagdsaal lag. Der Gang war nicht vom Mond, der in der östlichen Himmelshälfte stand, erhellt. Seine Fensterflucht lag nach Westen, doch gab das jenseits des Klosterhofes liegende, kräftig beglänzte weiße Gebäude einen dämmerigen Schein, in dem ich die alten Landkarten und Stiche an den Wänden unterscheiden konnte. In den tiefen Fensternischen aber lag ein unbestimmtes Dunkel, das vielleicht gefährlich war. Die alten Pflastersteine, die nur lose in ihre Unterlage eingefügt waren, verschoben sich und klickten leise unter meinen Tritten. Endlich stand ich vor dem Jagdsaal. Ich öffnete die Tür und fand mich mitten in einem wunderbaren Lichtsee. Die Saalfenster standen offen; breite sanfte Flüsse von Mondschein strömten herein. Draußen lag der Garten. Baumwipfel schwammen wie Inseln, wie Rücken dunkler Tiere still im Licht. Auf einem großen Blumenständer, der wie eine breite achtstufige Treppe war, die nirgendwohin führte, standen Topfpflanzen. Meine Lilie war nicht bei ihnen. Da sah ich sie in einer Fensternische auf dem Boden stehen, von Licht überstürzt. Sie schien aus dem Glas zu wachsen; Glas und Lilie waren aus demselben Stoff, aus flüssigem, in der Nachtkühle gefrorenem Licht. Die Blüte war leicht geneigt von ihrer Schwere. Ich sah, daß sie kaum merkbar schwankte. War es der Nachtwind, der sie berührte? Ich trat näher. Ein süßer, schwerer Duft entströmte dem leuchtenden Kelch. Wieder sah ich ihn erzittern. Das Beben rann über Stengel und Blätter. Ich sah die Blüte heftiger schwanken, beinahe leidenschaftlich geschüttelt. Da löste sich etwas Dunkles schattenhaft aus dem Blüteninnern, verweilte einen Augenblick schwebend über dem untersten Blütenblatt, streifte zärtlich, wie mir schien, an ihm entlang, verließ still den Kelch, breitete dunkle Flügel aus und entschwand in den Park. Ich stand atemlos, Zeuge eines Geheimnisses. Welches fremde Wesen hatte die weiße Blume heimgesucht? Ich wußte nichts von Nachtfaltern, die Lilien lieben. Klopfenden Herzens trat ich ganz nahe. Auf dem Blütenblatt, das der geflügelte Gast eben verlassen hatte, schimmerten helle Tropfen. Waren es Tränen? Neugier und Scheu hielten eine Weile sich in mir die Waage, ehe ich meine Finger in den Kelch legte, um das Feuchte zu befühlen. Es klebte ein wenig, es fühlte sich an wie Öl, es duftete. Es schien mir kostbar. Ich dachte, man könne vielleicht noch mehr davon aus dem weißen Kelche gießen. Ich hob die Blüte ein wenig hoch; meine Hände erschraken, denn sie fühlte sich ungewohnt an: wächsern, kalt und leblos. Trotzdem hielt ich sie; nun stand sie so, daß das Licht des Mondes durch den Kelchgrund brach und, vermischt mit einem Widerschein vom Grün der Pflanze, sich aus der weitgeöffneten Blüte ausgoß, als besäße die Lilie eine eigene starke Leuchtkraft. Bald aber ließ ich sie wieder sinken, denn ich fühlte, daß sie mir nicht zugetan war.

Doch bannte sie meinen Blick. Ich wurde nicht fertig damit, sie anzusehen. Ich kniete mich vor die Blume und schaute in ihren geneigten Kelch. Mir schien, er sei tief und man könne durch ihn hindurchsehen wie durch ein Fernrohr, das man aber nicht gegen den Himmel richtete, sondern gegen ein tiefes dunkles Wasser.

Plötzlich kam sie mir vor wie eine Trompete. Es lag etwas Heftiges, ja Gewaltsames darin, wie die Blüte aus dem Stengel drang. Sie tat es so ungestüm, daß sie von ihm noch Grünes mitriß, das nun an ihr hing und erst an den Blattspitzen sich ins reine strahlende Weiß verlor. Ich erwartete, daß diese Trompete einen durchdringenden metallenen Ton ausstoße.

Dann aber erschien sie mir wieder ganz sanft, als gleite sie still aus dem Stengel. Ich dachte, ob man etwa sie noch länger und länger ausziehen könne, ob im Stengel verborgen noch mehr Blühendes stecke; aber ich wagte keine Berührung mehr.

Mit einemmal nahm gerade dieses Gleiten, das so sanft und harmlos schien, etwas Unheimliches an. Die Blüte erschien mir wie der Kopf einer weißen Schlange, deren Leib schillernd in der grünen Stengelröhre lang ausgestreckt liege, bereit, aufzuschnellen und zu töten. Dieser Eindruck des Unheimlichen, Gefährlichen, Feindlichen wurde sehr mächtig in mir; ich dachte: Die Lilie ist giftig. Gegen alles, was giftig ist, war mir ein zwiespältiges Gefühl angeboren. Ich fürchtete Schlange, Tollkirsche, Schierling und Orchidee, und doch konnte ich die Begierde, sie zu berühren und alle Gefahr auf mich zu nehmen, kaum bezwingen.

Der Mond wanderte seinen Weg am Himmel. Streifen um Streifen Helle ertrank im Schatten. Auch die Lilie erlosch. Nun konnte ich mich von ihr lösen. Unhörbar, lose Pflastersteine vermeidend, schlich ich in mein Zimmer und versank in einen tiefen Schlaf.

Als ich am Morgen ins Eßzimmer trat, stand die Lilie schon auf dem Tisch. Ich erschrak freudig, dann aber befiel mich Ernüchterung, denn mir war, als hätte die Blume nichts zu bewahren vermocht in ihrem leeren, belanglosen Gesicht von den geheimen Verwandlungen der Nacht. Ich nahm sie, ohne zu erschrecken, in meine Hand; sie war kühl und glatt, eine Pflanze, sonst nichts. Ich ging mit ihr zur Kirche.

Da aber begann mein Leiden. Ich schritt durch die Reihen der Kinderbänke, um in der ersten meinen Platz zu finden. Da sah ich, daß kein Kind außer mir Blumen trug. Die Mädchen stießen sich mit den Ellbogen an und kicherten. Meine Nachbarin flüsterte hämisch: »Du mußt immer was andres haben als wir.« Ich sah hilflos um mich. Ein größeres Mädchen riet wohlwollend: »Wirf's weg, wirf's unter die Bank!« Ich schaute starr nach vorne, auf meine unglückselige Lilie. Ich konnte nicht übersehen, daß sie schön war. Ein trotziges Gefühl überkam mich, das fast Liebe zu meiner Lilie war. Doch war die Versuchung, sie wegzuwerfen, mächtig lockend. Einen Augenblick war ich fest entschlossen, sie einfach fallen zu lassen. Schon lockerte sich der Griff meiner Hände. Da erschien mir das Bild meiner Mutter, wie sie, erfreut darüber, das Schönste für mich gefunden zu haben, die Lilie abschnitt. Eine Empfindung dankbarer Liebe flog durch mich und schien mich endgültig an meine Blume zu binden. Aber stärker und stärker spürte ich die verachtenden Blicke der Mädchen; eine Welle stummen Spottes brandete gegen mich. Würfe ich die Lilie unter die Bank, so wäre ich erlöst. Die Messe, die der Großonkel feierte, hatte begonnen und nahm ihren Fortgang; die Orgel brauste, Weihrauch und Birken verströmten eindringlichen Wohlgeruch. Verzweifelt suchte ich nach einem Gebet. Aber mein Herz war verödet. Endlich erschien mir ein Ausweg aus meiner Qual. Ich dachte: Wenn der Großonkel nun auf die rechte Seite des Altares geht, werfe ich sie weg; geht er auf die linke, so behalte ich sie. Aber er blieb in der Mitte, und ich bemerkte, daß er schon das letzte Gebet verrichtete. Damit wurde der Entschluß von neuem auf mich allein gelegt. Allerdings wurde er zunächst verzögert, denn die Kinder verließen die Kirche, um sich zur Prozession aufzustellen. Ich fand keine Zeit mehr, nachzudenken. Schon bewegten wir uns langsam unter wehenden Fahnen durch den Klosterhof, verließen das Dorf und zogen auf einer schmalen Straße zwischen hoch blühenden Wiesen auf die Hügel. Nun aber fielen meine Blicke von neuem auf die Lilie.

Bei jedem Schritt, den ich machte, nickte sie, schnell oder langsam, in lächerlicher Abhängigkeit von mir. Da riß ich das unterste Blatt vom Stengel und ließ es aus meinen Händen gleiten. Es fiel in den Straßenstaub. Ich trat nicht darauf. Jetzt aber war die Entscheidung gefallen. Ich sah und hörte nicht mehr; ich wünschte nicht mehr, nur die Lilie beseitigt zu haben, sondern ich brannte darauf, sie zu zerstören, nach und nach. Ich riß ein Blatt nach dem andern ab, erst mit Neugierde und Spannung, dann besessen, grausam, wollüstig, bis ich den nackten Stengel hielt. Er war nun wirklich wie eine Schlange: glatt und schlüpfrig. Er hatte böse klaffende Bruchstellen. Ich knickte, um zu versuchen, ob ich es könnte, ein Stück des Stengels ab. Lächerlich traurig hing nun die Blüte herab. Sie selbst aber war herrlich unversehrt. Ich hob sie in die Höhe, abschiednehmend. Die Kinder beteten: »Gegrüßt seist du, Maria.« Wie die Blüte duftete! Jemand stieß mich an: »Bet doch mit!«

Ich versuchte es, aber ich hörte und verstand meine Worte bald nicht mehr. Mein Blick war, wie in der Nacht, gebannt von meiner Lilie. Mir schien, es schaue ein fremdes Wesen mich an aus der Tiefe des leuchtenden Kelchs. Wie die Staubfäden züngelten aus dem wassergrünen Schlund! Ich kniff ein Staubgefäß ab. Ein wenig goldner Staub fiel heraus. Dann riß ich auch die übrigen ab. Nackte grüne Fäden hingen aus dem Kelch. Ich griff tiefer. Es war geheimnisvoll böse, dies zu tun; es war ein Raub, ein schamloser Einbruch. Der Stempel brach, streifte im Fallen meine Hand, Öl tropfte aus der verletzten Narbe. Ein Blütenblatt fiel, der Kelch lag offen. Mit jedem Blatte löste sich auch ein Staubfaden. Ich behielt alles Abgelöste in meiner Hand. Noch hingen zwei Blütenblätter am Stengel, schön und traurig wie weiße Falter, denen eine rauhe Hand den feinen Farbschmelz abgestreift hat. Die Adern traten nackt und hart vor, die Blütenränder waren braun, welk, zerknittert. Der Fruchtknoten starrte mich an. Ich ritzte ihn mit dem Fingernagel. Kleine grüne Samen lagen darin, feucht, ölig. Lilienöl, dachte ich. Das Wort hatte einen fremden, kostbaren Klang. Einige Augenblicke lang schien es mir, als wiege die Bekanntschaft mit diesem wunderbaren Wort »Lilienöl« alle Marter der vorhergegangenen Stunden auf.

Meine Hände führten nun ihr Werk zu Ende; Blütenblätter und Staubfäden lagen in meiner Hand, ich drückte sie zusammen; der Stengel knirschte; Tropfen eines grünlichen Saftes rannen über meine Finger. Dieser Saft duftete nicht mehr, wie es die Blüte getan hatte; er roch widerlich, giftig. Ich preßte meine Hände stärker aufeinander. Ich fühlte, wie nach und nach jeder Widerstand der Pflanze schwand, bis ich nur mehr Fetzen von etwas ehemals Lebendigem hielt.

Plötzlich rührte sich das Totgeglaubte in meinen Händen. Ich öffnete sie erschrocken. Das Zerknüllte richtete sich auf zu einem letzten anklagenden Widerstand. Mit abgewandten Augen zerdrückte ich es noch einmal und stärker. Noch aber hielt ich es, noch war es da.

An einer Wegbiegung ließ ich es fallen. Nun waren meine Hände leer. Mäler von dem grünlichen Safte waren verblieben.

Ich kam zu mir. Lust, Qual und Bosheit fielen von mir ab. Ich war ernüchtert und begriff nicht mehr, was ich getan hatte. Ich bemerkte, daß meine Lippen die Worte des Gebetes mitsprachen, und ich sah, daß die Spitze der Prozession eben in den Klosterhof einbog. Das Fest war zu Ende. Ich ging nach Hause.

D. H. Lawrence

Der Schatten im Rosengarten

Ein ziemlich kleiner junger Mann saß am Fenster eines hübschen Häuschens am Meer und versuchte sich zu überreden, die Zeitung zu lesen. Es war ungefähr halb neun Uhr vormittags. Draußen hingen die Prachtrosen wie kleine, umgekippte Glutbecher im Morgensonnenschein. Der junge Mann blickte auf den Tisch, dann auf die Uhr, dann auf seine eigene dicke silberne Uhr. Sein Gesicht nahm den Ausdruck verbissenen Duldens an. Dann erhob er sich und dachte über die Ölgemälde nach, die an den Wänden des Zimmers hingen, wobei er dem Hirsch, der von der Meute gestellt war, eine sorgsame, aber feindselige Aufmerksamkeit zuwandte. Er faßte an den Deckel des Klaviers und stellte fest, daß es abgeschlossen war. Im Spiegel erhaschte er einen Blick auf sein Gesicht und zupfte an seinem braunen Schnurrbart, und seine Augen leuchteten interessiert auf. Er sah nicht übel aus. Er zwirbelte an seinem Schnurrbart. Sein Körper war ziemlich klein, aber beweglich und kräftig. Als er dem Spiegel den Rücken zuwandte, mischte sich in die Genugtuung über seine Gesichtszüge ein Ausdruck von Selbstbemitleidung.

Niedergeschlagen trat er in den Garten hinaus. Seine Jacke sah jedoch nicht nach Niedergeschlagenheit aus. Sie war neu, hatte etwas Flottes und Selbstsicheres an sich und saß auf einem selbstsicheren Körper. Er betrachtete den Götterbaum, der am Rande des Rasens in Blüte stand, und schlenderte dann zum nächsten Baum weiter. Es war ein krummer, mit rotbraunen Früchten bedeckter Apfelbaum, der ihm vielversprechend zu sein schien. Er blickte sich um und pflückte einen Apfel, und mit dem Rücken zum Haus, biß er rasch und herzhaft hinein. Zu seiner Überraschung war die Frucht süß. Er pflückte noch einen Apfel. Dann drehte er sich wieder um und musterte die Schlafzimmerfenster, die auf den Garten hinausblickten. Er schrak zusammen, als er jemand am Fenster stehen sah, aber es war nur seine Frau. Sie starrte weit aufs Meer hinaus und hatte ihn anscheinend nicht bemerkt.

Ein oder zwei Sekunden blickte er sie aufmerkam an. Sie war eine hübsche Frau, scheinbar älter als er, ziemlich blaß, aber gesund und mit einem sehnsüchtigen Gesicht. Ihr üppiges, kastanienbraunes Haar war in einer Tolle über der Stirn aufgestellt. Als sie so übers Meer starrte, wirkte sie wie geschieden von ihm und seiner Welt. Es verdroß ihren Mann, daß sie weiterhin so abgesondert blieb und ihn nicht beachtete. Er rupfte Mohnkapseln ab und warf sie zum Fenster hinauf. Sie fuhr zusammen, blickte ihn mit einem wilden Lächeln an und sah dann wieder weg. Fast unmittelbar darauf verließ sie das Fenster. Er ging ins Haus, ihr entgegen. Sie hatte eine schöne, sehr stolze Haltung und trug ein Kleid aus weichem weißem Musselin.

»Ich habe lange genug gewartet«, sagte er.

»Auf mich oder aufs Frühstück?« fragte sie. »Du weißt ja, daß wir neun Uhr abgemacht hatten. Ich nahm an, daß du nach der Reise hättest schlafen können.«

»Bekanntlich bin ich immer um fünf auf, und nach sechs Uhr konnte ich nicht länger im Bett bleiben. An so einem Morgen wie heute kann man ebensogut im Bergwerk wie im Bett sein.«

»Ich hätte nie geglaubt, daß du hier ans Bergwerk denken würdest.«

Sie ging umher, das Zimmer untersuchend, und betrachtete die Ziergegenstände unter den Glasglocken. Er stand breitbeinig auf dem Kaminvorleger, sah ihr ziemlich unbehaglich zu und wartete nur widerwillig ab. Sie bedachte die Wohnung mit einem Achselzucken.

»Komm«, sagte sie und nahm seinen Arm, »laß uns in den Garten gehen, bis sie das Frühstückstablett bringt.«

»Hoffentlich beeilt sie sich damit«, sagte er und zupfte an seinem Schnurrbart. Sie lachte kurz auf und lehnte sich im Hinausgehen auf seinen Arm. Er hatte sich eine Pfeife angezündet.

Während sie die Treppe hinuntergingen, trat Mrs. Coates ins Zimmer. Die reizende alte Dame, die sich sehr gerade hielt, eilte ans Fenster, um ihre Gäste genauer zu betrachten. Ihre porzellanblauen Augen glänzten, als sie dem jungen Paar nachsahen, das den Pfad entlangging: Er schritt, seine Frau am Arm, ganz unbeschwert und selbstsicher einher. Die Vermieterin begann mit ihrer weichen Yorkshire-Stimme ein Selbstgespräch:

»Genau gleich groß sind sie. Sie hätte nie einen Mann geheiratet, der kleiner ist als sie, glaube ich, obwohl er sich sonst nicht mit ihr messen kann.« Ihre Enkelin kam ins Zimmer und stellte ein Tablett auf den Tisch. Das Mädchen trat an die Seite der alten Frau.

»Er hat von den Äpfel gegessen, Gran«, sagte sie.

»Wirklich, Herzchen? Aber warum nicht, wenn's ihm Spaß macht?«

Der hübsche junge Mann draußen horchte voller Ungeduld auf das Klappern der Tassen. Endlich kam das junge Paar mit einem Seufzer der Erleichterung ins Zimmer, um zu frühstücken. Nachdem er eine Zeitlang gegessen hatte, hielt er einen Augenblick inne und fragte:

»Findest du, daß es hier besser als in Bridlington ist?«

»Allerdings«, sagte sie. »Tausendmal besser! Außerdem bin ich hier zu Hause – für mich ist es nicht so wie ein fremdes Seebad.«

»Wie lange warst du hier?«

»Zwei Jahre.« Er aß nachdenklich weiter.

»Ich hätte gedacht, du wärst lieber in einen dir noch nicht bekannten Badeort gegangen«, sagte er schließlich.

Sie saß sehr schweigsam da, und dann streckte sie vorsichtig einen Fühler aus.

»Warum?« fragte sie. »Glaubst du, daß es mir hier nicht gefällt?«

Er lachte behaglich und strich sich die Marmelade dick aufs Brot.

»Hoffentlich doch!« sagte er.

Wieder beachtete sie ihn nicht.

»Aber im Dorf mußt du nichts davon erwähnen, Frank«, sagte sie wie beiläufig. »Nicht, wer ich bin, und nicht, daß ich hier gelebt habe. Es ist niemand hier, den ich wirklich gerne sehen möchte, und wir könnten uns nicht frei fühlen, wenn sie mich erkennen würden.«

»Warum bist du dann hergekommen?«

»Warum? Begreifst du denn nicht, warum?«

»Nein. Wenn du niemanden sehen willst . . .«

»Ich bin hergekommen, um den Ort wiederzusehen – nicht die Menschen.«

Er sagte nichts mehr.

»Frauen sind anders als Männer«, fuhr sie fort. »Ich weiß nicht recht, warum ich herkommen wollte – aber ich wollte es.«

Sie goß ihm fürsorglich eine frische Tasse Kaffee ein.

»Nur muß du nichts von mir im Dorf erwähnen«, schloß sie. Sie lachte unsicher. »Ich möchte nicht mit meiner Vergangenheit konfrontiert werden, verstehst du?« Und sie schob die Krümel auf dem Tischtuch mit ihrer Fingerspitze zusammen.

Er blickte sie an, während er seinen Kaffee trank. Er sog an seinem Schnurrbart, und als er die Tasse hinstellte, sagte er phlegmatisch:

»Ich wette, daß du eine tolle Vergangenheit hinter dir hast.«

Sie blickte auf das Tischtuch – ein wenig schuldbewußt, was ihm wohltat.

»Nicht wahr«, bat sie schmeichelnd, »du verrätst nicht, wer ich bin?«

»Nein«, beruhigte er sie lachend, »ich verrate dich nicht.«

Er war mit sich zufrieden.

Sie blieb schweigsam. Nach ein oder zwei Minuten hob sie den Kopf und sagte:

»Ich muß mit Mrs. Coates sprechen und verschiedenes erledigen. Geh du heute vormittag lieber allein aus – zum Mittagessen um eins sehen wir uns wieder!«

»Du kannst doch nicht den ganzen Vormittag mit Mrs. Coates sprechen!« protestierte er.

»Ach, weißt du – ich muß ein paar Briefe schreiben, und ich muß den Fleck aus meinem Rock putzen. Ich habe heut vormittag so vielerlei zu tun. Geh du lieber alleine aus!«

Er merkte, daß sie ihn loswerden wollte, daher nahm er, als sie hinaufging, seinen Hut und schlenderte mit unterdrücktem Ärger zu den Klippen hinaus.

Bald ging auch sie aus dem Haus. Sie trug einen mit Rosen geschmückten Hut, und über ihrem weißen Kleid hing ein langer Spitzenschal. Ziemlich nervös spannte sie ihren Sonnenschirm auf, so daß ihr Gesicht halb in seinem bunten Schatten versteckt war. Sie ging den schmalen Plattenweg entlang, der von den Füßen der Fischer ausgehöhlt worden war. Ihre nähere Umgebung schien sie zu meiden und glaubte sich in der kleinen Heimlichkeit ihres Sonnenschirms sicher und geborgen.

Sie ging an der Kirche vorbei und eine Gasse hinab, bis sie an eine hohe Mauer längs des Weges kam. Dort ging sie langsam weiter und blieb schließlich an einer offenen Tür stehen, die in der dunklen Mauer wie ein Bild aus lauter Licht wirkte. In dem Zauberland hinter der offenen Tür spielten Schattenmuster über den sonnigen Hof und das Plaster aus blauen und weißen Strandkieseln, während jenseits ein grüner Rasen glomm, an dessen Rand ein Lorbeerbaum glitzerte. Auf Zehenspitzen ging sie in den Hof und blickte auf das im Schatten liegende Haus. Die Fenster hatten keine Vorhänge und sahen deshalb schwarz und leblos aus; die Küchentür stand offen. Unentschlossen trat sie einen Schritt weiter vor, dann noch einen, und strebte sehnsüchtig zum Garten dahinter.

Sie hatte beinah die Hausecke erreicht, als zwischen den Bäumen ein schwerer Schritt knirschend näher kam. Vor ihr tauchte ein Gärtner auf. Er trug einen Korbteller, auf dem große, dunkle, überreife rote Stachelbeeren herumrollten. Er ging langsam.

»Der Garten ist heute nicht geöffnet«, sagte er ruhig zu der schönen Frau, die sich zur Umkehr angeschickt hatte.

Einen Augenblick war sie vor Überraschung sprachlos. Wie konnte der Garten überhaupt öffentlich sein?

»Wann ist er geöffnet?« fragte sie geistesgegenwärtig.

»Der Pfarrer läßt freitags und dienstags Besucher zu.«

Sie stand still und dachte nach. Wie seltsam, daß der Pfarrer seinen Garten dem Publikum freigab!

»Aber jetzt ist wohl jedermann in der Kirche«, versuchte sie den Mann zu beschwatzen. »Sicher ist niemand im Haus, nicht wahr?«

Er wollte weitergehen, doch die Stachelbeeren rollten umher.

»Der Pfarrer wohnt im neuen Pfarrhaus«, sagte er.

Sie standen beide still. Er mochte sie nicht gern zum Gehen auffordern. Schließlich wandte sie sich mit einem liebenswürdigen Lächeln zu ihm um.

»Darf ich vielleicht einen kurzen Blick auf die Rosen werfen?« schmeichelte sie mit reizender Eigenwilligkeit.

»Ich glaube, das schadet nicht«, sagte er und trat beiseite. »Falls Sie nicht zu lange bleiben ...«

Sie ging weiter und hatte den Gärtner im Nu vergessen. Ihre Miene wurde gespannt, ihr Bewegungen wurden eifriger. Als sie sich umschaute, sah sie, daß alle Fenster, die auf den Rasen hinausblickten, dunkel und ohne Vorhänge waren. Das Haus machte einen öden Eindruck, als würde es noch benutzt, aber nicht bewohnt. Ein Schatten schien auf sie zu fallen. Sie ging quer über den Rasen und durch einen Bogen aus Rankrosen, ein farbenbuntes Tor, in den eigentlichen Garten hinein. Jenseits, in der Bucht, dehnte sich im Morgennebel das sanfte blaue Meer, und das am weitesten entfernte Vorgebirge stieß mit seinen schwarzen Klippen undeutlich zwischen Blau und Blau des Himmels und des Wassers. Ihr Gesicht begann zu strahlen und war verwandelt von Schmerz und Freude. Zu ihren Füßen fiel der Garten in einer einzigen Blütenfülle steil ab, und weiter unten war das Dunkel der Baumwipfel, die den Bach versteckten.

Sie wandte sich dem Garten zu, der rings um sie her mit besonnten Blumen leuchtete. Sie kannte die kleine Ecke, wo die Bank unter dem Eibenbaum stand. Dann kam die Terrasse, wo Blumen dicht gedrängt leuchteten, und von dort führten auf jeder Seite des Gartens zwei Pfade abwärts. Sie schloß den Sonnenschirm und wanderte langsam zwischen den vielen Blumen umher. Rundherum waren Rosenbüsche und große Rabatten mit Rosen, Rosen, die von Säulen niederpurzelten und hingen, und Rosen, die sich auf den üblichen Bäumchen wiegten. Auf den offenen Beeten wuchsen viele andere Blumen. Als sie den Kopf wieder hob, schien in der Ferne das Meer anzuschwellen, und mit ihm das Kap.

Langsam ging sie einen Pfad hinab, aber zögernd, wie jemand, der in die Vergänglichkeit zurückkehrt. Plötzlich berührte sie ein paar schwere rote Rosen, die sammetweich waren, berührte sie nachdenklich und ohne es zu wissen, wie eine Mutter manchmal die Hand ihres Kindes liebkost. Sie beugte sich leicht vor, um den Duft zu erhaschen. Dann wanderte sie geistesabwesend weiter. Manchmal wurde sie von einer flammenfarbenen, duftlosen Rose aufgehalten. Sie stand da und blickte sie an, als könnte sie es nicht verstehen. Und wieder überfiel sie die gleiche sanfte Zärtlichkeit, als sie vor einer herabstürzenden Flut von rosa Blütenblättern stand. Dann verwunderte sie sich über eine weiße Rose, die in der Mitte grünlich wie Eis war. Und langsam, wie ein weißer, rührender Schmetterling, ließ sie sich den Pfad hinabtreiben, bis sie schließlich zu einer kleinen Terrasse kam, die ganz voller Rosen war: eine sonnige, heitere Schar, die das Fleckchen auszufüllen schien. Sie schüchterten sie ein, so viele waren da, und so strahlend waren sie. Sie schienen miteinander zu plaudern und zu lachen. Ihr war, als sei sie in einem seltsamen Gewimmel. Es heiterte sie auf und trug sie über sich hinaus. Die Luft war reiner Duft.

Hastig ging sie zu einer kleinen Bank zwischen den weißen Rosen und setzte sich. Ihr roter Sonnenschirm war ein harter Farbfleck. Sie saß ganz still und spürte ihre eigene Existenz entschwinden. Sie war nichts als eine Rose, eine Rose, die nicht ganz zum Erblühen kommen konnte, sondern geschlossen blieb. Eine kleine Fliege fiel auf ihr Knie, auf ihr weißes Kleid. Sie beobachtete sie, als wäre sie auf eine Rose gefallen. Sie war nicht sie selbst.

Dann fuhr sie schrecklich zusammen, weil ein Schatten auftauchte und jemand zu sehen war. Ein Mann war ungehört auf Pantoffeln näher gekommen. Er trug eine Leinenjacke. Der Morgen zersplitterte, der Zauber war dahin. Sie befürchtete nur, ausgefragt zu werden. Er kam näher. Sie erhob sich. Dann, als sie ihn sah, wich alle Kraft von ihr, und sie sank wieder auf die Bank.

Es war ein junger Mann von militärischem Äußeren, der ein wenig zum Dickwerden neigte. Sein schwarzes Haar war glattgebürstet und blank, der Schnurrbart war gewichst. Doch in seiner Haltung war etwas Zerfahrenes. Sie blickte auf, bis zu den Lippen erblaßt, und sah seine Augen. Sie waren schwarz und starrten blicklos. Nicht die Augen eines Menschen. Er kam auf sie zu.

Er blickte sie starr an, salutierte unwillkürlich und setzte sich neben sie auf die Bank. Er rückte auf der Bank umher, änderte seine Fußstellung und fragte mit der Stimme eines Edelmannes und Militärs:

»Ich störe Sie doch nicht, hoffe ich?«

Sie war stumm und hilflos. Er war tadellos gekleidet und trug dunkle Kleider zu seiner Leinenjacke. Sie konnte sich nicht wehren. Als sie seine Hand sah, seine Hand mit dem Ring auf dem kleinen Finger, den sie so gut kannte, war ihr zumute, als würde sie ohnmächtig. Die ganze Welt war aus den Fugen geraten. Sie saß hilflos da. Denn seine Hände, für sie die Symbole leidenschaftlicher Liebe, erfüllten sie mit Grauen, als er sie jetzt auf seine kräftigen Schenkel legte.

»Darf ich rauchen?« fragte er zutraulich, fast verstohlen, und seine Hand wanderte in seine Tasche.

Sie konnte nicht antworten, aber es kam nicht darauf an – er war in einer anderen Welt. Sie fragte sich sehnlichst, ob er sie erkannt hatte – ob er sie erkennen konnte. Blaß vor Angst saß sie da. Aber sie mußte durchhalten.

»Ich habe keinen Tabak«, sagte er nachdenklich.

Doch sie achtete nicht auf seine Worte; nur auf ihn konzentrierte sie sich. Konnte er sie erkennen, oder war das alles vorbei? Sie saß still, wie erstarrt in ihrer Ungewißheit.

»Ich rauche John Cotton«, sagte er, »und ich muß sparsam damit umgehen, es ist teurer Tabak. Ich habe nicht viel Geld, solange die Prozesse laufen, verstehen Sie?«

»Ja«, sagte sie, und ihr Herz war kalt, die Seele erstarrte.

Er rührte sich, grüßte leichthin, stand auf und ging fort. Sie saß unbeweglich da. Sie konnte seinen Körper sehen, den Körper, den sie mit aller Leidenschaft geliebt hatte: seinen kräftigen Soldatenkopf, die feine, jetzt schlaffe Figur. Und er war es nicht – nicht er. Es erfüllte sie nur mit einem Grauen, das zu kompliziert war, um es zu verstehen.

Plötzlich kam er wieder, die Hand in der Jackentasche.

»Haben Sie etwas dagegen, wenn ich rauche?« fragte er. »Vielleicht kann ich dann die Dinge deutlicher sehen.«

Er setzte sich wieder neben sie und stopfte sich die Pfeife. Sie sah seine Hände mit den feinen, starken Fingern. Sie hatten immer dazu geneigt, leicht zu zittern. Damals, vor langer Zeit, hatte sie sich darüber gewundert: bei einem so gesunden Mann! Jetzt bewegten sich die Hände nicht richtig, und der Tabak hing zottelig aus dem Pfeifenkopf.

»Ich muß mich um gerichtliche Sachen kümmern. Rechtsfragen sind immer so undurchsichtig. Ich erklärte meinem Rechtsanwalt genau und mit Bestimmtheit, was ich will, aber niemals erreiche ich, daß es getan wird.«

Sie saß da und hörte ihn sprechen. Aber er war es nicht – nicht er. Sie saß unbeweglich in Grauen und Stille. Er ließ seinen Tabakbeutel fallen und tastete suchend auf der Erde herum. Doch sie mußte warten und sehen, ob er sie erkennen würde. Warum konnte sie nicht gehen? Plötzlich erhob er sich.

»Ich muß sofort gehen«, sagte er. »Der Uhu kommt.« Dann fuhr er zutraulich fort: »Er heißt eigentlich nicht Uhu, aber ich nenne ihn so. Ich muß gehen und nachsehen, ob er gekommen ist.«

Sie erhob sich ebenfalls. Er stand vor ihr, unsicher. Er war ein hübscher, soldatischer Mann – und geistesgestört. Ihre Augen erforschten ihn, um zu sehen, ob er sie erkennen würde, ob sie ihn wiederfinden würde.

»Sie kennen mich nicht?« fragte sie aus dem Abgrund ihres Entsetzens und stand allein.

Er blickte sie sonderbar an. Sie mußte seine Augen ertragen. Sie leuchteten, aber ohne Verständnis. Er näherte sich ihr.

»Doch, ich kenne Sie«, sagte er – starr und angespannt, aber wahnsinnig, und sein Gesicht kam ihr näher. Ihr Grauen war zu groß. Er war geistesgestört, und er war stark: Er kam ihr zu nahe.

Ein Mann näherte sich, er beeilte sich.

»Heute vormittag ist der Garten nicht geöffnet«, sagte er.

Der Geistesgestörte blieb stehen und sah ihn an. Der Wärter ging zur Bank und hob den Tabakbeutel auf, der dort lag.

»Lassen Sie nicht Ihren Tabak hier, Sir«, sagte er und gab ihn dem Herrn in der Leinenjacke.

»Ich habe die Dame gerade gebeten, zum Lunch zu bleiben«, sagte letzterer höflich. »Sie ist eine Bekannte von mir.«

Die Frau drehte sich um und ging rasch und blindlings zwischen sonnigem Rasen zum Garten hinaus, vorbei an dem Haus mit den leeren, dunklen Fenstern, über den Hof mit den Strandkieseln und auf die Straße. Eilig und blindlings ging sie weiter, ohne zu zaudern und ohne zu wissen, wohin. Sowie sie zum Haus kam, ging sie die Treppe hinauf, nahm den Hut ab und setzte sich aufs Bett. Ihr war, als sei eine Membran in ihr entzweigerissen, so daß sie nicht länger ein Ganzes war, das denken und fühlen konnte. Sie saß da und starrte aus dem Fenster, wo eine Efeuranke langsam im Seewind auf und ab wehte. In der Luft war etwas von der unheimlichen Leuchtkraft des sonnenbeschienenen Meeres. Sie saß völlig unbeweglich und war wie ausgelöscht. Sie meinte nur, es könne ihr übel werden und in ihren zerrissenen Eingeweiden könne Blut sein. Sie saß völlig unbeweglich und teilnahmslos.

Nach einiger Zeit hörte sie die harten Schritte ihres Mannes im unteren Flur, und ohne sich selbst zu bewegen, verfolgte sie seine Bewegungen. Sie hörte, wie ihn seine etwas enttäuschten Schritte wieder hinausführten, dann seine Stimme, die sprach und antwortete und heiter wurde, und dann den festen Schritt, der näher kam.

Er trat ein: rotwangig, ziemlich vergnügt und mit einem etwas selbstgefälligen Gehabe seiner munteren, derben Gestalt. Sie rührte sich – steif. Er verlangsamte seine Schritte.

»Was ist los?« fragte er mit einer Spur Ungeduld in der Stimme. »Fühlst du dich nicht wohl?«

Für sie war es eine Tortur.

»Doch«, erwiderte sie.

Seine braunen Augen blickten verdutzt und ärgerlich.

»Was ist los?« fragte er.

»Nichts.«

Er machte ein paar Schritte, blieb am Fenster stehen und blickte eigensinnig hinaus.

»Bist du jemandem begegnet?« fragte er.

»Niemandem, der mich kennt«, antwortete sie.

Seine Hände begannen zu zucken. Es erbitterte ihn, daß sie ihm so wenig wahrnahm, als wäre er nicht vorhanden. Endlich drehte er sich aufgebracht zu ihr um und fragte:

»Etwas hat dich verstimmt, nicht wahr?«

»Nein, warum?« fragte sie zurückhaltend. Er war nicht für sie vorhanden, höchstens als Störenfried.

Ärger wallte in ihm auf und blähte die Adern an seinem Hals.

»Es hat den Anschein«, sagte er und strengte sich an, sich seinen Ärger nicht anmerken zu lassen, weil offenbar kein Grund dafür bestand. Er ging die Treppe hinunter. Sie saß still auf dem Bett, und mit dem Rest an Gefühl, der ihr noch verblieben war, spürte sie einen Widerwillen gegen ihn, da er sie gequält hatte. Die Zeit verging. Sie konnte das Essen riechen, das aufgetragen wurde, und vom Garten her den Rauch aus ihres Mannes Pfeife. Aber sie konnte sich nicht rühren. Sie war ausgelöscht. Eine Glocke klingelte. Sie hörte, wie er ins Haus kam. Und dann stieg er wieder die Treppe hinauf. Bei jedem Schritt verhärtete sich ihr Herz. Er öffnete die Tür.

»Das Essen steht auf dem Tisch«, sagte er.

Es war schwer für sie, seine Gegenwart zu ertragen, denn er würde sich einmischen. Sie konnte ihr Sein nicht zurückerlangen. Steif erhob sie sich und ging hinunter. Während der Mahlzeit konnte sie weder essen noch trinken. Sie saß geistesabwesend da, zerrissen und völlig ausgelöscht. Er versuchte weiterzumachen, als wäre nichts geschehen. Doch schließlich verstummte er vor Wut. Sobald es möglich war, ging sie wieder hinauf und schloß die Schlafzimmertür ab. Sie mußte allein sein. Er ging mit seiner Pfeife in den Garten. All sein unterdrückter Ärger über sie, die sich ihm überlegen glaubte, bedrängte und verfinsterte sein Herz. Er hatte es zwar nicht gewußt, aber er hatte sie nie wirklich errungen, sie hatte ihn nie geliebt. Sie hatte ihn nur geduldet. Das nahm ihm den Boden unter den Füßen. Er war bloß ein Elektriker im Bergwerk, sie war ihm überlegen. Er hatte immer nachgegeben. Aber die ganze Zeit hatten Schmach und Kränkung in seiner Seele gewühlt, weil sie ihn nicht für voll nahm. Und jetzt stieg all seine Wut über sie in ihm auf.

Er drehte sich um und ging ins Haus. Zum drittenmal hörte sie ihn die Treppe heraufsteigen. Das Herz stockte ihr. Er drückte die Klinke herunter und stieß gegen die Tür – sie war verschlossen. Er versuchte es noch einmal, kräftiger. Das Herz blieb ihr stehen.

»Hast du die Tür zugeschlossen?« fragte er – leise – wegen der Vermieterin.

»Ja. Warte einen Augenblick.«

Sie stand auf und drehte den Schlüssel herum und fürchtete, er würde ins Zimmer stürmen. Sie spürte, wie sie ihn haßte, weil er ihr nicht ihre Freiheit ließ. Er trat ein, die Pfeife zwischen den Zähnen, und sie kehrte auf ihren alten Platz auf dem Bett zurück. Er schloß die Tür und lehnte sich mit dem Rücken dagegen.

»Was ist los?« fragte er energisch.

Er war ihr zuwider. Sie konnte ihn nicht ansehen.

»Kannst du mich nicht in Ruhe lassen?« fragte sie und wandte das Gesicht von ihm ab.

Er sah sie rasch und scharf an und krümmte sich unter der Schmach. Dann schien er einen Augenblick zu überlegen.

»Dir fehlt irgend etwas, nicht wahr?« fragte er entschieden.

»Ja«, sagte sie, »aber das ist kein Grund, daß du mich quälst.«

»Ich quäle dich nicht. Was ist los?«

»Warum mußt du das wissen?« rief sie voller Haß und Verzweiflung.

Etwas knackte. Er fuhr zusammen und fing seine Pfeife auf, die ihm aus dem Munde gefallen war. Dann schob er mit der Zunge das durchgebissene Mundstück weiter vor, nahm es von der Lippe und betrachtete es. Dann löschte er die Pfeife und klopfte sich die Asche von der Weste. Dann hob er den Kopf.

»Ich will es wissen«, sagte er. Sein Gesicht war bläßlich grau und häßlich verzerrt.

Keiner sah den andern an. Sie wußte, daß er jetzt rasend

war. Ihr Herz klopfte heftig. Sie haßte ihn, aber sie konnte ihm nicht entgegentreten. Plötzlich hob sie den Kopf und wandte sich ihm zu.

»Was für ein Recht hast du, es zu wissen?« fragte sie.

Er sah sie an. Als sie seine zerquälten Augen und sein verkrampftes Gesicht sah, war sie überrascht. Aber ihr Herz verhärtete sich schnell. Sie hatte ihn nie geliebt. Sie liebte ihn auch jetzt nicht.

Und plötzlich hob sie rasch wieder den Kopf – wie ein Tier, das sich zu befreien versucht. Sie wollte frei sein. Nicht so sehr frei von ihm, sondern frei von allem, von dem, was sie sich aufgeladen hatte und was sie so grauenhaft band. Und weil sie sich die Fessel selbst angelegt hatte, war es so schwer, sie wieder loszuwerden. Doch jetzt verabscheute sie alles und wurde zerstörerisch. Er stand mit dem Rücken gegen die Tür, unbeugsam, als wollte er ihr ewig Widerstand leisten, bis sie vernichtet war. Sie sah ihn an. Ihre Augen waren kalt und feindselig. Seine Arbeiterhände preßten sich gegen die Türfüllung hinter ihm.

»Du weißt ja, daß ich hier gelebt habe«, begann sie mit harter Stimme, wie um ihn vorsätzlich zu verletzen. Er wappnete sich und nickte.

»Ich war damals Gesellschafterin bei Miss Birch auf Torill Hall. Sie und der Pfarrer waren befreundet, und Archie war der Sohn des Pfarrers.« Eine Pause entstand. Er hörte zu, ohne zu ahnen, was vor sich ging. Er starrte seine Frau an. Sie kauerte in ihrem weißen Kleid auf dem Bett und kniff den Saum ihres Kleides sorgfältig auf und zu. Ihre Stimme war voller Feindseligkeit.

»Er war Offizier, Leutnant, dann hatte er Streit mit seinem Oberst und quittierte den Dienst. Jedenfalls . . .« Sie zupfte am Rocksaum, und ihr Mann stand unbeweglich und beobachtete ihre Bewegungen, die sein Blut in Raserei versetzten. »Jedenfalls liebte er mich unsäglich, und ich liebte ihn unsäglich.«

»Wie alt ist er?« fragte der Mann.

»Als – ich ihn kennenlernte? Oder als er wegging?«

»Als du ihn kennenlerntest.«

»Als ich ihn kennenlernte, war er sechsundzwanzig, er ist einunddreißig, beinah zweiunddreißig, denn ich bin neunundzwanzig, und er ist fast drei Jahre älter.«

Sie hob den Kopf und blickte auf die gegenüberliegende Wand.

»Und was dann?« fragte ihr Mann.

Sie verhärtete sich und sagte abgestumpft:

»Fast ein Jahr lang waren wir so gut wie verlobt, obwohl es niemand wußte, das heißt, man sprach darüber, aber es war nicht öffentlich bekanntgemacht worden. Dann ging er weg.«

»Er ließ dich sitzen?« fragte ihr Mann brutal, weil er sie verletzen wollte, um wieder mit ihr Kontakt zu bekommen. Ihr Herz raste vor Wut. Dann sagte sie, um ihn zu ärgern: »Ja!« Er trat von einem Fuß auf den andern und stieß ein wütendes »Pah!« aus. Eine Zeitlang herrschte Stille.

»Dann«, fuhr sie fort, und ihr Schmerz verlieh ihren Worten einen spöttischen Klang, »dann ging er plötzlich nach Afrika, um dort zu kämpfen, und fast an genau dem gleichen Tag, an dem ich dich kennenlernte, hörte ich von Miss Birch, daß er einen Sonnenstich bekommen hatte, und zwei Monate danach, daß er gestorben sei.«

»Das war, bevor du mit mir angebändelt hattest?« fragte der Mann.

Es kam keine Antwort. Eine Zeitlang sprach keiner von beiden. Er hatte nichts begriffen. Die Augen hatte er häßlich zusammengekniffen.

»Du hast also heute in alten Liebeserinnerungen geschwelgt«, sagte er. »Deshalb wolltest du allein ausgehen.«

Sie antwortete ihm noch immer nicht. Er ging von der Tür fort und trat ans Fenster. Er hatte ihr den Rücken zugekehrt, die Hände hinter sich verschränkt. Sie sah ihn an. Seine Hände kamen ihr derb vor, sein Hinterkopf unbedeutend.

Endlich – fast gegen seinen Willen – drehte er sich um und fragte:

»Wie lange hast du's mit ihm getrieben?«

»Was meinst du?« erwiderte sie kalt.

»Ich meine, wie lange du's mit ihm getrieben hast?«

Sie hob den Kopf und wandte das Gesicht von ihm ab. Sie weigerte sich, darauf zu antworten. Dann sagte sie:

»Ich weiß nicht, was du damit meinst, mit ›getrieben‹. Ich habe ihn vom ersten Tag an geliebt, als ich ihn kennenlernte, und das war zwei Monate nach meinem Eintritt bei Miss Birch.«

»Und glaubst du, daß er dich geliebt hat?« höhnte er.

»Ich weiß es.«

»Wie willst du das wissen, wenn er doch nichts mehr mit dir zu tun haben wollte?«

Eine lange Pause entstand – angefüllt mit Haß und Leid.

»Und wie weit ist es zwischen euch gegangen?« fragte er schließlich mit furchtsamer, gequetschter Stimme.

»Ich verabscheue deine unaufrichtigen Fragen!« rief sie, außer sich über sein Fallestellen. »Wir haben uns geliebt, und wir haben einander angehört, ja, angehört. Es ist mir gleichgültig, was du denkst: Was geht dich das an? Wir haben einander angehört, ehe ich dich kannte . . .«

»Angehört – angehört?« rief er, weiß vor Wut. »Du willst mir also erzählen, daß du dich mit einem Soldaten ausgetobt hast, und dann bist du zu mir gekommen, damit ich dich heirate, nachdem du . . .«

Sie saß da und würgte an ihrer Bitterkeit. Eine lange Pause trat ein.

»Willst du mir wirklich erzählen, daß ihr's – bis zum letzten getrieben habt?« fragte er, noch immer ungläubig.

»Ja, was glaubst du denn, was ich gemeint habe?« rief sie brutal.

Er zuckte zusammen und wurde bleich und unpersönlich. Eine lange, lähmende Stille entstand. Er schien klein geworden zu sein.

»Es ist dir aber nicht eingefallen, mir all das zu erzählen, ehe ich dich geheiratet habe«, sagte er schließlich mit bitterem Sarkasmus.

»Du hast mich nie gefragt«, erwiderte sie.

»Ich habe nie gedacht, daß es nötig wäre.«

»Dann hättest du eben *denken* sollen!«

Er stand mit ausdruckslosem, fast kindlich verkrampftem Gesicht da und wälzte viele Gedanken, während sein Herz vor Qual tobte.

Plötzlich fuhr sie fort:

»Und heute habe ich ihn gesehen«, sagte sie. »Er ist nicht tot. Er ist geistesgestört.«

»Geistesgestört?« rief er unwillkürlich.

»Ein Irrer«, sagte sie. Das Wort auszusprechen brachte sie fast um den Verstand. Eine Stille trat ein.

»Hat er dich erkannt?« fragte ihr Mann mit schwacher Stimme.

»Nein«, sagte sie.

Er stand da und blickte sie an. Endlich hatte er die Tiefe des Abgrunds zwischen ihm und ihr begriffen. Sie kauerte noch immer auf dem Bett. Er konnte sich ihr nicht nähern. Es wäre für jeden von ihnen eine Beleidigung gewesen, wenn sie miteinander in Berührung gekommen wären. Das Ganze mußte sich beruhigen. Sie waren beide so sehr erschüttert, sie waren unpersönlich und haßten einander nicht mehr. Nach ein paar Minuten verließ er sie und ging ins Freie.

Jo Hanns Rösler

Dank für zwei Rosen

Ich habe soeben einen Brief geschrieben, der vielleicht nie sein Ziel erreicht. Er ist an einen Mann in Spanien gerichtet, genauer gesagt in Palma de Mallorca, einen Mann, dessen Namen ich nicht kenne und von dem ich auch nicht weiß, wo er wohnt. So versuchte ich diese Adresse.

»An den Maler, ungefähr 35 Jahre alt, mit einem blonden Vollbart, angeblich wohnhaft im Hotel Portassa, elegant salopp gekleidet und fast jeden Abend Gast des Restaurants del Puerto, Palma de Mallorca, Paseo de Sagrero 9, Spanien.«

»Lieber unbekannter Freund«, schrieb ich, »ich habe Ihnen für zwei Rosen zu danken, die Sie eines Abends wortlos im Vorübergehen meiner Frau und meiner Tochter auf den Tisch legten. Wir saßen im Formentor, draußen auf der Terrasse, vor uns das bunte Treiben des abendlichen Korsos auf dem Borne, wir waren an diesem Abend nicht sehr heiter, denn in einer Stunde sollte unser Schiff ablegen, die Koffer waren bereits gepackt, und der Abschied von der Insel fiel uns nicht leicht. Meine siebzehnjährige Tochter, das lange blonde Haar mit einem roten Band gebunden, saß da mit den ihr zum Abschied gekauften Kastagnetten in ihren unruhigen Händen, dem Weinen näher als dem Lachen. Es war für sie eine unbeschwerte Zeit gewesen, die an jenem Tag zu Ende ging. Wir waren vor drei Monaten angekommen, unmittelbar nach ihrer Abschlußprüfung, losgelöst vom strengen Schulplan. Sie war frei und fast erwachsen geworden, kein Schulkind mehr, auch vom Vater mit dem besseren Platz am Tisch zum erstenmal in ihrem Leben bevorzugt. Und all dies hatte sich in einem fremden Land abgespielt, in der verzauberten Stadt Palma. Hier nun waren Sie ihr schon am ersten Abend begegnet.

Wir saßen beim Abendessen in einem Restaurant, und plötzlich kamen Sie herein. Sie sahen so anders aus, nicht schön etwa oder gar bedeutungsvoll, ein wenig fremdländisch, groß gewachsen. Sie nahmen keine Notiz von den Frauen ringsum, die sofort ihre Gabeln senkten und mit Blicken Ihre Aufmerksamkeit zu erwecken suchten. Sie setzten sich an einen für Sie reservierten Tisch, mit dem Rücken zum Saal – offenbar waren Sie hier ein Stammgast, denn der Kellner behandelte Sie mit einer so vorbildlichen Höflichkeit und dabei einer offen bekundeten Freundschaft, wie dies nur bei guten Gästen in den spanischen Restaurants vorkommt. Sogar der Küchenchef Bernardo kam mit seiner weißen hohen Mütze zu Ihnen an den Tisch und servierte Ihnen eine Schüssel gegrillter Langustinen, ein Geschenk des Hauses, wie er sagte. Sie fielen mir auf, ich gestehe es offen. Im Übermut des ersten Abends in einem fremden Land machte ich sogar meine Tochter auf Sie aufmerksam: ›Das wäre ein Schwiegersohn nach meinem Geschmack!‹ Meine Tochter lachte nur dazu, aber seitdem hießen Sie bei uns nur der Novio, der Bräutigam. Wir begegneten uns oft, fast täglich. Sie kamen immer allein, nahmen von Ihrer Umwelt keine Notiz und merkten auch nicht, daß ihre Augen aufleuchteten, wenn sie Sie erblickte. Nun ist sie ein junges Mädchen, dem die Männer noch wenig zu sagen haben. Nicht einmal die Tanzstundenzeit hat daran etwas geändert, sie ist in einem Internat mit zweihundert Jungen aufgewachsen und fand die Liebe höchst überflüssig und alle Männer höchst langweilig.

Jetzt sah ich zu meiner Überraschung zum erstenmal, daß ihr ein Mann gefiel, wenn sie es auch geschickt zu verbergen wußte, wie alle jungen Mädchen, die behütet und unversehrt ihr siebzehntes Lebensjahr erreicht haben. Wenn sie lachend von ihrem Novio sprach – und sie sprach sehr oft von ihm, was mir auffiel –, so spottete sie über Ihre Art, an der Bar zu stehen und mit dem Mixer zu plaudern oder wie Sie dicke Zeitungen in Ihre Rocktaschen zwängten. Sie behauptete, Sie hätten nur einen Anzug – und das wäre nicht einmal einer, ein offenes Hemd, ein bunter Schal, eine Kordhose, Strandschuhe aus Bast geflochten. So sahen wir Sie täglich, aber Sie sahen darin aus wie ein Lord, das mußte selbst meine Tochter zugeben, während sie über Ihren Bart spottete, der feuerrot rund ums Kinn lief.

Sie nannte Sie den ›lieben Gott‹, denn Sie sahen in der Tat so aus wie der liebe Gott in ihren Kinderbüchern. Und als wir eines Tages mehr zufällig erfuhren, daß Sie schon seit zehn Jahren auf der Insel leben, ein Russe im Exil, Maler von Beruf, im Hotel Portassa wohnend, nahm auch plötzlich dieses Hotel in ihren Träumen eine schönere Gestalt an, als ihm der Erbauer gegeben hatte.

An diesem Abend, als wir das Gespräch über Sie führten, geschah es, daß Sie meine Tochter zum erstenmal grüßten. Ich weiß nicht, was Sie dazu veranlaßte, wir waren uns drei Monate lang täglich begegnet, ohne daß Sie sie zu bemerken schienen. An diesem Abend aber, als wir das Restaurant, in dem wir täglich speisten, verließen und an Ihrem Tisch vorbeigehen mußten, erhoben Sie sich und grüßten sie und ihre Mutter. Wir bestiegen unseren Wagen. Sie aber eilten uns bis zur Tür des Restaurants nach und verbeugten sich tief, eine Bewegung, wie man sie in Europa nicht mehr sieht.

Sie war bei der Heimfahrt sehr schweigsam, und auch am nächsten Tag, unserem letzten Tag auf der Insel, redete sie sehr wenig. Wir schoben es ihrem Schmerz zu, das Meer und Palma zu verlassen. Alles Lachen und Spotten über den Novio waren aus ihrem jungen Gesicht mit den vereinzelten Sommersprossen verschwunden. Die letzten Stunden verbrachten wir, schon die Schiffskarten in der Tasche und den Wagen bereits verladen, auf der Terrasse des Cafés Formentor, da kamen Sie vorbei, ein kurzer flüchtiger Gruß im Vorübergehen. Dann aber kamen Sie noch einmal, kurz darauf. Sie hielten zwei Rosen in der Hand und überreichten sie mit einer tiefen Verbeugung, eine Rose der Mutter und eine Rose der Tochter.

Ehe wir Ihnen danken konnten – was hätten wir auch sagen sollen, wir sprechen verschiedene Sprachen –, waren Sie gegangen, und eine Stunde später betraten wir das Schiff.

Jetzt ist sie daheim, im Alltag ihres jungen Lebens, sie hat nie wieder von Ihnen gesprochen, aber wir wissen, daß sie Sie nicht vergessen hat. Sie gehen vielleicht in dieser Minute am Formentor vorbei und wissen gar nichts mehr von der Rose, die Sie einem Kind überreichten. Vielleicht war es nur eine Geste von Ihnen, eine ritterliche Huldigung an die Jugend und Schönheit.

Ich aber als Vater möchte Ihnen danken, meinem Kind die erste Begegnung mit einem Mann so beglückend gemacht zu haben: nur eine Rose auf den Tisch, sie ist damit zur Frau geworden, und mir ist nicht mehr bang um ihre Zukunft.«

Ich schrieb weder meinen Namen darunter noch woher der Brief kam. Ich möchte nie, daß meine Tochter diesen Mann heiratet. Als Vater denkt man leider praktisch. Aber ihm zu danken bestand – wenn auch kein Anlaß – ein aufrichtiges Bedürfnis.

Quellennachweis

Hans Christian Andersen, Das Schneeglöckchen.
Aus: Andersens Märchen.
Gondrom Verlag, Bayreuth 1989.

Clemens Brentano, Das Märchen von dem Myrtenfräulein.
Aus: Deutschland erzählt. Von Goethe bis Tieck. Ausgewählt und eingeleitet von Benno von Wiese.
Fischer Taschenbuch Verlag, Frankfurt am Main 1966.

Georg Britting, Das Fliederbäumchen.
Aus: G. B., Sämtliche Werke Bd. III, 2.
List Verlag, München.
© by Ingeborg Schuldt-Britting.

Christine Brückner, Blaue Hyazinthen.
Aus: C. B., Was ist schon ein Jahr.
© 1987 by Verlag Ullstein GmbH, Berlin.

Karel Čapek, Die blaue Chrysantheme.
Aus: K. Č., Der gestohlene Kaktus.
Fischer Taschenbuch Verlag, Frankfurt am Main.

Truman Capote, Das Blumenhaus.
Aus: T. C., Die schönsten Erzählungen
Deutsch von Marion F. Steipe.
© 1981 by Limes Verlag, München.

Thomas Theodor Heine, Die blaue Blume.
Aus: T. T. H., Die Märchen.
Quorido Verlag NV Amsterdam 1935.
Fotomechanischer Nachdruck im Aufbau Verlag, Berlin 1989.

D. H. Lawrence, Der Schatten im Rosengarten.
Aus: D. H. L., Der preußische Offizier
Aus dem Englischen von Elisabeth Schnack
© 1975 by Diogenes Verlag AG, Zürich.

Fanny Morweiser, Weißer Fingerhut.
Aus: F. M., Indianer Leo.
© 1977 by Diogenes Verlag AG, Zürich.

Alfred Polgar, Blumenzauber.
Aus: A. P., Kleine Schriften.
© 1983 by Rowohlt Verlag GmbH, Reinbek.

Luise Rinser, Die Lilie.
Aus: L. R., Ein Bündel weißer Narzissen.
© 1956 by S. Fischer Verlag GmbH, Frankfurt am Main.

Jo Hanns Rösler, Dank für zwei Rosen.
Aus: J. H. R., Beste Geschichten
© 1972 by Langen Müller Verlag in der F. A. Herbig Verlagsbuchhandlung GmbH, München.

Arthur Schnitzler, Blumen.
Aus: A. S., Gesammelte Werke. Die Erzählenden Schriften 1.
© 1961 by S. Fischer Verlag GmbH, Frankfurt am Main.

Wolfdietrich Schnurre, Die rote Nelke.
Aus: W. S., Ich brauch Dich.
© 1993 by Ullstein Buchverlage GmbH, Berlin.

Theodor Storm, Viola tricolor.
Aus: Th. S., Von Meer und Heide. Die zehn schönsten Novellen.
Schreitersche Verlagsbuchhandlung, Berlin.

Gabriele Tergit, Die geheimnisvolle Rose.
Aus: G. T., Kaiserkron und Päonien rot. Kleine Kulturgeschichte der Blumen.
© 1958 by Kiepenheuer & Witsch, Köln.

In jenen Fällen, in denen es nicht möglich war, den Rechteinhalber resp. Rechtenachfolger ausfindig zu machen, konnte ausnahmsweise keine Nachdruckerlaubnis eingeholt werden. Honoraransprüche der Autoren und ihrer Erben bleiben gewahrt.